Theodor Mügge

Signa, die Seterin - eine Novelle

Theodor Mügge

Signa, die Seterin - eine Novelle

ISBN/EAN: 9783744672191

Hergestellt in Europa, USA, Kanada, Australien, Japan

Cover: Foto ©ninafisch / pixelio.de

Weitere Bücher finden Sie auf **www.hansebooks.com**

Signa, die Seterin.

Eine Novelle

von

Theodor Mügge.

Boston.
S. R. Urbino, Nr. 14 Bromfield Street.
1869.

Eine Anzahl Jahre sind jetzt vorübergegangen, als an einem sehr warmen Augusttage ein kleines Boot, das von zwei Ruderern gerudert wurde, den Lysterfjord an Norwegens Westküste hinauffuhr, der einer der Nebenarme des großen Sognefjords ist. In dem Hintertheile des Bootes saß oder lag vielmehr ein junger Mann auf einem Haufen duftiger, grüner Birkenreiser ausgestreckt, denn aus solchen macht man Sitze oder Lager für die Reisenden, welche auf den norwegischen Fjorden fahren. Es war dies aber ohne Zweifel ein Postboot, denn am Lysterfjord gibt es keine Fahrstraße. Wilde, meist nackte und jäh aufsteigende Felswände erheben sich drei- bis viertausend Fuß hoch zu beiden Seiten des Wasserspalts, der sich zwischen ihnen eingewühlt hat, und nur an wenigen Stellen öffnen sich kleine Thäler, deren liebliches Grün und malerische Umbüschung sehnsüchtige Wünsche erregen können. Solche Wünsche empfand sicher auch der junge Reisende, welcher keineswegs mit seiner Lage zufrieden schien. Die Sonne brannte glühend nieder und der funkelnde Meeresarm lag völlig unbeweglich in seinem Felsenbecken. Die weißlich grauen Steinmassen und gezackten Felsenklippen sahen aus, als seien es verdürstete Riesen; so viel war gewiß, daß nirgend aus ihren Eingeweiden ein kühler Wasserstrahl in's Meer stürzte. An anderen Orten findet man dies sehr häufig. Wasserfälle kommen von den meisten Fjeldern herunter, oder man sieht ihre schäumenden Wasserfäden wie silberne Blitze an den steilen Wänden niebergleiten; vergebens aber suchte der Reisende nach einem solchen erwünschten Zeichen. Auf dem lauen Salzwasser des Fjords tauchte da und dort ein Seehund auf, Schwärme von Seeschwalben vor sich herjagend, welche kreischend in die Luft flatterten, um von den bissigen Hunden nicht gepackt zu werden, die ihre Jagd häufig erfolgreich genug anstellen; ihrerseits aber folgten die Vögel dann einem grünlichen Schein im Wasser nach und stürzten mit scharfem Geschrei darauf nieder.

„Was haben sie dort?" fragte der Reisende den einen seiner Ruderer.

„Heringe, Herr," antwortete der Mann. „Wo es einen grünen Streif im Wasser gibt, steht der Hering. Das wissen die Möven und Alken eben so gut, als die Fischer."

Der Reisende beobachtete, wie die Vögel ihre Beute aus dem Wasser zogen, und einige Augenblicke schien er mit der Lust zu kämpfen, den unglücklichen Heringen beizustehen und das Amt der Nemesis zu verwalten. Er griff nach einem Futeral, das neben ihm im Boote lag, in welchem ein Gewehr stecken mußte, allein noch ehe er die Schnalle daran geöffnet hatte, legte er es wieder fort und rief lächelnd und ärgerlich den räuberischen Vögeln nach: „Wie zum Henker! mögen sie doch bei dieser Hitze Salzwasser trinken und Heringe dazu essen."

Die Norweger sind die größten Heringsesser in der ganzen Welt. Sild, d. h. Hering, ist ihre Lieblingsspeise zu jeder Jahreszeit. „Die Möven," meinte der Ruderer daher, seine Lippen leckend, „sind die allerklügsten Thiere in der Welt, denn sie ziehen die Heringe allen andern Fischen vor."

„Ich gönn's ihnen von Herzen," erwiederte der junge Mann, „aber da ich nicht selbst eine Möve bin, so sagt mir doch, wie weit wir noch nach dem Hof von Eide haben?"

Der Mann blickte bedächtig umher und antwortete dann: „Gute zwei Meilen werden es noch sein, Herr."

„Und ist bis dahin nirgend ein Trunk zu bekommen?"

„Wir müßten hinüber nach Solvorn fahren, da hält der Schützkaffer ein artiges Wirthshaus, und es wird Bier dort gebraut."

„Ich wäre mit Wasser zufrieden," sagte der Reisende.

„Wenn's das thut," meinte der Bootsmann, „so können wir es näher haben. Vor uns liegt die Kirche von Urenäs, Du wirst sie sehen, sobald wir um die Spitze dort biegen. Ein paar Hütten stehen neben dem Gotteshaus. Milch wirst Du dort nicht finden, denn die Thiere sind jetzt alle noch auf den hohen Weiden, aber ein Bach kommt von dem Fjeld herunter, aus ihm kannst Du trinken, so viel Du magst."

Mit dieser tröstlichen Aussicht mußte der Reisende sich begnügen. Es war ihm schon recht, daß die Ruderer ihre Schalten kräftiger anzogen. Er legte sich in die Birkenzweige zurück, deckte den leichten Filzhut über sein Gesicht, um sich vor der Sonne zu schützen, und hob den Kopf erst wieder auf, als die Männer ihm zuschrieen, die Kirche von Urenäs läge vor ihm.

So war es denn auch. Eine grüne, kleine Bucht leuchtete hinter den Felsen hervor, ein paar roth angestrichene Hütten standen am Ufer und nicht weit davon, an erhöhter Stelle, erblickte er ein Bauwerk, nicht viel größer als jene, aber mit einem Vorbau oder Wetterdach. Das war die Kirche.

Nach einigen Minuten steuerte das Boot über ein paar große Steine fort und stieß an eine vorspringende Felsenplatte. Bei den Hütten ließ sich Niemand sehen, und in Norwegen werden Reisende sehr selten von einem Hunde empfangen. Um so mehr war es zu verwundern, daß plötzlich ein graugelber, zottiger Hund zum Vorschein kam, der ein wüthendes Gebell erhob, bis er von einem gellenden Pfiff zurückgerufen wurde. Damit zugleich trat aus der Thür der größten Hütte ein Mann, der nach dem Besuch umschaute, welcher seinem Hunde solch Aergerniß bereitet, und, als er den Reisenden erblickte, stehen blieb und diesen aufmerksam betrachtete.

Es war ein Mann von ächt nordischer Race, die in diesem verborgenen Fels- und Meergewirr sich oft noch mit aller Schärfe ausprägt. Von mittelhoher, knochiger Gestalt, schlank an Leib und breit an Brust und Schultern, saß auf diesen ein Kopf voll dichter, dunkler Haare, mit mächtiger Stirn und großen, ernstblickenden Augen. Das Gesicht war nicht unschön und noch jugendlich frisch, denn der Mann mochte kaum dreißig Jahre zählen, aber er war so fest und kräftig gebaut, daß er älter scheinen konnte.

Er erwiederte den Gruß des Reisenden nicht eben unfreundlich, doch mit einem kalten Dank, der ganz seiner Haltung und seinen prüfenden Blicken entsprach. Der Reisende merkte wohl, daß der Mann aus der Hütte kein Bauer sei, denn er trug einen kurzen Rock und Stiefeln an den Beinen, statt der Jacke und Nägelschuhe, die der Landmann nicht von sich trennt, auch bemerkte er, daß neben der Hütte angebunden eines der kleinen gelblichen Gebirgspferde gezäumt und gesattelt stand, und er vermuthete, daß dies der Eigenthümer des Thieres und ein Fremder so gut sei, wie er selbst.

„Es ist gewaltig heiß heut," sagte er, sich die Stirn wischend.

„Kommen Sie von Lärdalsören?" fragte der Andere.

„Von Lärdalsören, ja."

„Um die alte Kirche hier zu sehen?"

„Zunächst, um einmal zu trinken."

Der Mann schwieg einen Augenblick, dann sagte er: „Es gibt schwerlich etwas andres in Thorkel Halfson's Haus, als Wasser, und das ist schlecht, oder Kornbranntwein, doch der ist noch schlechter. Warten Sie einige Minuten, Thorkel macht eben Kaffee, der freilich auch nicht besonders ausfallen dürfte, aber er wird's thun, so gut er kann; damit müssen Sie fürlieb nehmen."

„Herzlich gern," antwortete der junge Mann erfreut, und da der Fremde sich auf eine Holzbank niederließ, welche an der Thür stand, setzte er sich zu ihm und wies nach dem alten Bauwerk hinüber.

„Das ist also die Kirche von Urenäs," begann er. Ich habe sie in Dahl's norwegischen Alterthümern abgebildet gesehen, wo sie freilich stattlicher aussah."

„Aus der Ferne betrachtet, sieht Manches anders aus, als in der Nähe," erwiederte der Fremde. „Norwegen hat keine andern merkwürdigen Alterthümer als seine ewigen Dome und Schlösser dort oben."

Er streckte seinen Arm aus und deutete über den Fjord fort, wo jenseit eine mächtige Felsengasse zum Himmel auflief, an deren höchsten Kanten eine weiße, glänzende Wolke hing, aus welcher phantastische Hörner und Zacken wie mächtige Burgen und Schlösser aufragten.

„Was ist das für eine seltsame Wolke?" fragte der junge Reisende.

„Das sind die Jötunfjellen," antwortete sein Nachbar, „und was sie auf deren Scheiteln sehen, ist keine Wolke, sondern Justedals Eisbräen sind es, die größten Gletschermassen, die es in Europa gibt."

„Ja, das ist schön!" rief der Reisende verwundert. „Die Kunst hat Nichts für Norwegen gethan, die Natur Alles."

„Achten Sie diese alte Capelle doch nicht allzu gering," sagte der Fremde, „überhaupt muß man an unsre Alterthümer einen besonderen Maßstab anlegen. Prachtbauten von Stein haben wir nicht, auch unsere Könige wohnten in Holzhäusern. Aber sehen Sie einmal diese alten Balken an, welche nun wohl ein Jahrtausend allen Stürmen und allen Wettern getrotzt haben. Sie sind wie Eisen schwarz und fest geworden, kein Messer kann hineinschneiden, keine Axt kann sie spalten. Hart wie Granit überdauerten sie diesen. Nichts ist zermürbt, nichts bröckelt ab! Was haben unsere Vorväter damit gethan? Welche Kunst haben sie verstanden, um dies Eisenholz hervorzubringen? Womit sind diese Blöcke bestrichen worden? Es wäre eine schöne Sache, wenn man das Mittel wieder entdecken könnte."

Sie waren Beide zu dem alten Bauwerk gegangen, und unser Reisender fand, daß es wirklich wie vom härtesten Stein gemacht sei. „Wenn es ein Mittel dafür gegeben hat," sagte er, „und nicht etwa örtliche und besondere Umstände diese Umwandlung bewirkt haben, so würde die Wiederentdeckung weniger erfreulich für die Kunst, als vortheilhaft für kluge Holzhändler sein."

Der Fremde lachte auf. „Meiner Treu, Sie haben Recht," erwiederte er, „Sie geben mir da eine gute Lehre, obwohl Sie wahrscheinlich nicht wissen, daß ich ein Holzhändler bin. Ich wohne dort unten am Fjord," fuhr er fort, „auf einer Landstelle, die Skalden heißt, und vielleicht hat einer meiner Urväter diese Kirche bauen helfen und das Recept zu dem Versteinerungsmittel selbst besessen."

So sprechend kehrten Beide zurück, und eben sprang ein junger Bauer aus der Hütte und rief dem Herrn entgegen, daß der Kaffee fertig sei. Als sie hineintraten, dampfte die Kanne schon auf dem

Tische, daneben standen bunte Fayencetassen und eine Schale mit kleinen Zuckerstückchen gefüllt, sammt einem Teller voll dünner, harter Brodkuchen, Fladbrod genannt. Auch ein großes Stück Butter war da und ein mächtiger, mondförmiger, röthlicher Käse, Milch aber schien gänzlich zu fehlen.

„Wir müssen genügsam sein," sagte der Herr, „Thorkel Halfson gibt uns, was er besitzt; Milch jedoch findet man um diese Zeit kaum bei den wohlhabenden Leuten. Indeß," fuhr er einladend fort, „können Sie wenigstens Alles, was da ist, ohne Scheu genießen, denn es geht hier sauber her, was bei manchen unserer Bauern nicht eben der Fall ist."

Er warf seine Blicke über die Stube und schien zufrieden damit zu sein.

In der That glänzte der Raum so wohnlich und reinlich, wie man es selten findet. Die Dielen waren mit frischen Birkenblättern bestreut, die Holzwände mit bläulicher Farbe bestrichen. An den Seiten liefen Bänke umher, darüber in der Nähe der niederen Decke bildeten Bretter offene Schränke, auf denen allerlei Wirthschaftsgeräth und Geschirr in guter Ordnung seine Stelle fand. Ueber dem Herde in der Ecke standen mehrere schöne Haus- und Bibelsprüche geschrieben, und auf dem hellen Feuer dort brodelte das Wasser im Kessel, in welchem Thorkel Halfson jetzt Kaffee für sich und für die Bootsleute kochte, welche draußen auf den Steinen saßen.

Der Reisende betrachtete mit Wohlgefallen den jungen Bauer. Seine rothe Mütze saß keck auf dem blonden Haar, und sein frisches Gesicht mit blauen Augen, die so licht waren, wie seine Haut, der selbst diese brennende Sonne nicht viel anhaben konnte, sah überaus freundlich und lebendig aus.

Der fremde Herr schien zu merken, was sein Gast dachte. „Sie machen Vergleich zwischen Thorkel und mir?" fragte er. „Ist es nicht so?"

„Das thue ich, Herr Skalden," erwiederte der Andere, indem er nach norwegischer Sitte den Fremden nach dem Namen seines Hofes nannte, den er von ihm gehört, und die Meisten haben auch keinen andern Familiennamen, als den ihres Gutes. „Man sollte nicht meinen," fügte er hinzu, „daß Sie und er aus einer Weltgegend stammen."

Herr Skalden fuhr mit der Hand durch seine dunkeln Locken und sagte darauf: „Dennoch sind wir auf e i n e m Hofe geboren worden. Halfson's Vater war meines Vaters Dienstmann, und wenn wir Geschlechtsregister und Stammbäume führten, würden wir wahrscheinlich beweisen können, daß seit Jahrhunderten unsere Voreltern derartig beisammen lebten. Uebrigens wissen Sie doch," fuhr er fort, „daß in unsern Gebirgen noch immer die Spuren der zwei verschiedenen Stammracen Norwegens gut unterschieden werden können. Es gibt Menschen hier mit schwarzen Haaren und Augen, zu denen ich gehöre, und man sagt ihnen nach, daß sie von den uralten Herren des Landes, den Asen, abstammen; die blonden und blauäugigen dagegen sind die Nachkommen der Gothen, welche sich des Landes später bemächtigten. Am Sognefjord finden Sie noch manche Bautasteine, die von den Kämpfen beider Völker Kunde geben, auch außer dem berühmten, auf welchem geschrieben steht, daß König Nor hier die gesammten Könige von Sogne und ihr Volk besiegte und unterwarf."

„Aber die gothischen Sieger sind nicht immer Herren im Lande geblieben," meinte der Reisende. „Ihre Nachkommen sind, wie ich sehe, auch wiederum Diener der Asenkinder geworden."

„Das ist der Welt Lauf," lachte Herr Skalden. „Der Herr wird Knecht, wenn er es nicht versteht, Herr zu bleiben, dagegen wird der kluge Knecht zum Herrn. Möglich, daß Thorkel Halfson's einstige Vorfahren einmal in Skalden geboten und meine Vorfahren ihnen gehorchten. Mir einerlei, die Sache hat sich geändert und ziemlich lange ist es jedenfalls her. Mein Großvater trieb schon Holzhandel hier, mein Vater kaufte den Wald im Fortunthal, dazu die Weiden und Seterien, und Halfsons Vater war sein Aufseher. Ich selbst mache es ebenso. Ich habe hier umher Holzläger, kaufe und verkaufe, und Thorkel Halfson ist mein Verwalter, dem es gut geht und mit dem ich zufrieden bin."

„Ist er verheirathet?" fragte der Reisende.

„Nein. Er lebt mit seiner Schwester, die jetzt oben in den Bergen ist."

Der Reisende hatte sein Skizzenbuch inzwischen herausgezogen und zeichnete nicht ohne Geschick die Gestalt des jungen Bauers in seiner Beschäftigung am Herde.

Nachdem der Holzhändler einige Zeit schweigend zugeschaut, fragte er: „Sind Sie ein Maler?"

„Ich möchte wenigstens einer sein," erwiederte der junge Mann freundlich.

„Wo kommen Sie her?"

„Von Christiania."

„Wo alle feinen Leute zu Hause sind," lachte Skalden, indem er seine Augen auf ihm ruhen ließ.

Der Blick war so höhnend wie der Ton, in welchem er sprach, aber der Reisende wußte, daß viele Norweger auf Christiania nicht gut zu sprechen sind, das, was sie sagen, der Väter Sitte verlassen hat, um den Fremden nachzuäffen.

„Ich liebe Christiania auch nicht allzu sehr," sagte er daher lächelnd, „obwohl ich dort geboren wurde."

„Sie sind also doch ein Normann?"

„Das will ich meinen. Meine Mutter stammt aus einer alten Landesfamilie."

„Wie heißen Sie?"

„Mein Name ist Eduard Falkland."

„Dann stammt Ihre Mutter aus der Familie Mare."

„Ja wohl," sagte Eduard Falkland erfreut. „Sie kannten vielleicht meine Mutter?"

„Nein, aber ich kenne den Capitän Halbart Mare in Eide."

„Das ist ein Vetter meiner Mutter."

„Und ich weiß, daß man in Eide einen jungen Herrn aus Christiania erwartet."

„Meine Mutter hat mich vor einiger Zeit dem Vetter in Eide angekündigt, und meine Muhme Emma hat darauf geantwortet, daß ich willkommen sein würde."

„Keinen Zweifel, Herr Falkland, Sie werden willkommen sein," sagte Skalden mit einem harten Lachen. „Ein Mann, wie Sie, ist dort an seinem Platze."

„Wie meinen Sie das, Herr Skalden?"

„Ich meine, ein junger Herr, der allerlei Künste versteht, wird seine Zeit dort gut anwenden können. Es gibt im Sogne mancherlei zu sehen und zu malen. Vielleicht verstehen Sie auch, das Clavier zu spielen?"

„Das kann wohl sein."

„Bravo! und dazu auch singen. Sie müssen eine gute Stimme haben, man hört's am Ton. — Aber ich will Sie nicht länger aufhalten; Emma Mare darf nicht ungeduldig werden, und meine eigne Zeit ist um."

Damit warf er das Messer fort, trank seine Tasse aus und stand auf.

„Sie kommen, wie ich denke, häufig nach Eide?" fragte Eduard.

„Gewiß nicht selten," war die Antwort.

„So werde ich Sie wiedersehen?"

„Darauf verlassen Sie sich."

„Das soll mich freuen, Herr Skalden."

„Ich will's immerdar wünschen. — Bring' mein Pferd, Halffon; Glück auf ihren Weg, Herr Falkland. In's Boot, Ihr Leute, faulenzt nicht länger. Was haben Sie da für einen Kasten?"

„Es ist mein Malkasten."

„Und was haben Sie in dem Ueberzuge dort?"

„Mein Gewehr."

„Also Maler und Jäger zugleich. Auf dem Rücken die Pinsel und auf der Schulter die Büchse. In welcher Kunst haben Sie es denn am weitesten gebracht?"

„Ich denke, daß ich vielleicht Gelegenheit finde, Ihnen zu beweisen, daß ich in beiden etwas leiste."

„Ich zweifle nicht daran. Ein Troubadour muß Alles verstehen, und am Sognefjord läßt sich Alles gebrauchen. Dort gibt es zuweilen auch größeres Wild, als Elstern und Seeschwalben. Farewell! Herr Falkland, auf Wiedersehen?"

II.

Das Boot verließ die kleine Bucht. Eduard Falkland sah nur noch, wie sein neuer Bekannter sich auf das kleine Bergpferd schwang, das mit dem Feuer und der Schnelligkeit dieser kräftigen Thiere ihn durch das grüne, schmale Thal trug, zwischen hohen Felswänden und Klippen fort, hinter denen er schnell verschwand. Er fühlte sich unmuthig gestimmt gegen diesen hochfahrenden Mann, der offenbar ihn verspottete, und doch fühlte er sich angezogen durch die Kühnheit und Freimüthigkeit seines Wesens und durch die stolze, entschiedene Haltung, welche sich seinen Worten, wie seinen Handlungen aufdrückte. Es lag darin eine trotzige Ueberlegenheit, welche bei dem jungen, lebhaften Falkland den Wunsch hervorrief, ihn näher kennen zu lernen, um ihm zu beweisen, daß er es mit keinem Schwächling zu thun habe, der sich weder vor ihm, noch vor Anstrengungen und Gefahren fürchte.

So beschäftigte er sich längere Zeit in seinen Gedanken mit ihm und wandte sich dabei auch der Familie zu, deren Wohnsitz er sich näherte. Je mehr dies geschah, um so reger wurden seine Erinnerungen. Seinen Vetter Halbart Mare hatte er nie gesehen, wohl aber dessen Tochter Emma, welche mehrere Jahre lang zu ihrer Erziehung in Christiania gelebt hatte. Damals war sie im sechszehnten Jahre, und er selbst sechs Jahre älter, als er nach Deutschland geschickt wurde, von wo er vor einigen Monaten zurückkehrte. Seit jener Zeit waren drei Sommer vergangen; Emma mußte nun neunzehn sein. Sie war ein Jahr, nachdem er fortgegangen, von ihrem Vater zurückgeholt worden in sein Haus am Lysterfjord, denn ihre Mutter war gestorben, und sie hatte ihm kein anderes Kind, als dies eine zurückgelassen. Halbart Mare war einst Officier gewesen, als das Land noch zu Dänemark gehörte. Im Jahre 1814 kämpfte er als eifriger Patriot gegen die Schweden, als aber die Freiheit Norwegens gesichert war, wurde er ein Landmann auf dem väterlichen Erbe, ein sogenannter Proprietär, das heißt ein höherer Bauer, auf einem der größeren Höfe in diesem Lande, wo es keine großen

Güter gibt, die das Odalsrecht niemals aufkommen ließ. Seinen alten Familienadel hatte er niedergelegt, als der Adel in Norwegen aufgehoben wurde, und wie Eduard Falkland sich erinnerte, war ihm sein Verwandter öfter als ein Mann der Volks- oder Bauernpartei geschildert worden, der als solcher auch gleich Anfangs in den Storthing gewählt wurde. Das war so ziemlich Alles, was er von ihm wußte, und er setzte sich daraus ein Bild zusammen, das ihm im Ganzen recht gut gefiel. Das Beste that freilich seine Erinnerung an Emma, und während er durch die Felsengasse des Fjord fuhr, der sich, je näher seinem Ende, um so mehr zusammenzog, suchte er in der Ferne nach ihr umher, wenn er auf dem hohen Uferrande ein Haus liegen sah. Emma war damals zwar noch halb ein Kind gewesen, doch ihr offenes, volles Gesicht mit den stark ausgeprägten, nordisch festen Zügen, dem braunen Haar und den klaren Augen hatte er nicht vergessen. Einige Male war es ihm, als sähe er sie auf den Steinen stehen und ihn erwarten, aber er täuschte sich. Das Boot fuhr weiter, die Gestalt verwandelte sich und verschwand, und immer höher und unwirthlicher stiegen die Felsmassen auf und schienen sich zu einem Halbkreis von ungeheueren, senkrechten Wänden zu verkitten, in denen alles Menschenleben aufhörte.

Indem er endlich seine Ungeduld äußern wollte, öffnete sich zur Seite eines jener versteckten kleinen Thäler, an welchen diese Fjorde so reich sind. Er erblickte eine saftig grünende Tiefe, zu welcher das Gebirge sich welliger niederzog, und auf einem der nächsten Vorsprünge lag ein Hof, bei dessen Anblick eine Stimme in ihm sagte: „hier muß Emma wohnen, dies ist ihr Haus, dies sind die großen, prächtigen Bäume, von denen sie mir so oft erzählt hat."

Das Haus lag in einem Gartengehege, das den ganzen Bergabsatz einnahm und sich in Terrassen nach dem Thalgrunde hinabsenkte. Es hatte einen Vorbau, der auf Holzsäulen ruhte und wie ein Altan aussah. Aus einer Thür des oberen Geschosses, die auf den Vorbau hinausführte, trat soeben eine Frau im hellen Kleide, und er stand mit solcher Heftigkeit auf, daß der Kahn in's Schwanken gerieth und er beinahe in's Wasser gestürzt wäre. Als er wieder aufsprang, war der Altan leer, aber er zweifelte nicht daran, daß er jetzt wirklich Emma gesehen hatte.

„Eilt! eilt!" rief er den Bootsleuten zu, die gemächlich sich einer Anfahrt näherten, wo mehrere Kähne lagen.

„Du kommst zeitig genug," antwortete ihm der Eine, der nach dem Ufer sah. „Wir werden eher dort sein als Halbart Mare, mit dessen Füßen es langsam geht."

Eduard bemerkte in dem Gange, der vom Garten aus an den Fjord hinablief, einen Mann, welcher die Stufen langsam hinunterstieg und sich auf einen Begleiter stützte. Dieser Begleiter war das Mädchen im hellen Kleide, Emma. Er rief ihren Namen lebhaft und laut, als er mit einem Sprunge das Ufer erreichte und seinen Verwandten entgegen lief.

In einer Minute stand er vor ihnen und plötzlich gerieth er in Verwirrung. Er hatte von Emma einst Abschied genommen, indem er ihre Lippen geküßt und ihr allerlei süße Wünsche und Schmeichelnamen zugeflüstert. Mit derselben Vertraulichkeit hatte er gemeint, jetzt das Wiedersehen feiern zu können, aber damit war es nichts. Das war die Emma nicht mehr, mit der er getändelt und gespielt, das war ein kopfhoch größeres Mädchen, das nicht wie sonst ihre Arme nach ihm ausstreckte, und ihm muthwillig zulachte. Freundlich zwar schaute sie ihn an und ihre braunen Augen füllten sich mit Glanz, aber ihre Freude war in Grenzen gebannt und diese Grenzen wurden sogleich von ihm empfunden. Er wandte seine Blicke von ihr ab auf ihren Vater und zog seine Hände zurück, indem er seinen Hut abnahm. Halbart Mare, der Capitän, wie er von seinen Nachbarn genannt wurde, stützte sich auf seinen großen Eschenstock und musterte ihn mit den scharfen Blicken und der Beobachtungsgabe eines ächten Sognemannes. Er war von hoher Gestalt, magerm scharfen Gesicht und scharf hervortretender Nase. Ein gelblicher, mit grau gemischter Backenbart lief ihm bis an die Mundwinkel, seine Stirn war hoch und faltig — das gelbgraue Haar fiel darauf nieder, und das lederharte, starkknochige Gesicht war von verschiedenen Furchen wie von Rinnen durchzogen.

„Das ist er also. Eduard Falkland — ist es nicht so?" rief der Capitän ihm zu.

„Eduard Falkland, Vetter, der Ihnen die Grüße seiner Mutter

bringt," antwortete der junge Reisende, in die Hand einschlagend, welche Halbart Mare ihm entgegenstreckte.

"Bist willkommen, Eduard, bist Deiner Mutter Sohn!" sprach dieser dabei. "Hast ihr Gesicht und ihre klaren Augen. Bist willkommen in Eide, Eduard Falkland," wiederholte er freundlicher. "Da ist Deine Muhme Emma. Ihr seid alte Bekannte, Ihr Beide; reich ihm Hand und Mund, Mädchen, und dann — Ihr da, bringt, was im Boote ist, herauf in's Haus, da wollen wir hören, was Du Neues mitbringst, Vetter."

Emma that nach ihres Vaters Willen. Sie reichte Eduard ihre Lippen zum Kuß und sagte freundlich: "Wir haben Sie schon seit einigen Tagen erwartet, Vetter Eduard. Ich hoffe, Sie haben eine gute Reise gehabt, und Alles, was Sie uns erzählen können, ist gut."

Eduard hatte Zeit gehabt, seine Gedanken zu ordnen und was ihn überraschte, zu bewältigen. In Christiania hatte die kleine Emma ihn Du genannt, und er niemals anders als so vertraut zu ihr geredet. Jetzt kam ihm die höfliche, entfremdende Form eben so unerwartet, wie das fremdere Benehmen der erwachsenen Freundin. Er hatte es sich ganz anders gedacht, das brach nun plötzlich zusammen. Er fühlte sich verletzt davon, und doch war er verständig genug, sich zu sagen, daß es eigentlich nicht anders sein könne; denn Emma war eine Jungfrau geworden und er selbst während der Zeit der Trennung zum Manne gereift. Sie gingen langsam den Abhang hinauf. Der Capitän hatte mancherlei zu fragen, auch Emma hatte zu fragen, er mußte Antwort über Vieles geben. Als sie oben standen, lag das Haus hinter einem grünen Vorplatz, der mit Blumenstücken durchzogen und wohlgepflegt war. Es wandte sich südlich dem Fjord zu und blickte dabei in ein liebliches Thal hinab. Schöner ließ sich kaum etwas denken, als diese prächtige Lage und Aussicht auf den blaufluthenden Meeresarm, auf die hohen Jötunfjellen, auf Gletschermassen und auf die hohe, waldumbuschte Bergwand, welche den Hintergrund füllte.

Mit frohen Blicken betrachtete Eduard dies Rundgemälde und als er darüber seine Freude bezeugte, lachte Halbart Mare wohlgefällig. Er stützte beide Hände auf die Krücke seines Eschenstocks und sprach mit Selbstbewußtsein: „Ihr glatten Leute in Christiania meint zuweilen, es gäbe nichts besseres in dem alten Norwegen, als was Ihr habt, und die weisen, hochgelehrten Väter des Vaterlandes sehen auf uns, wie auf Barbaren. Es ist aber nichts damit, Vetter Eduard. Unsere Fjorde und Berge hier im Westen das ist und bleibt der Kern und unsere Wildnisse sollen Dir, wie ich hoffe, besser gefallen, als was Du dort gesehen hast."

„Sie gefallen mir schon jetzt so gut," erwiederte der junge Mann, „daß ich entzückt davon bin."

„Alles Neue gefällt und entzückt," sagte Emma.

„Bis es alt und alltäglich wird," fiel ihr Vater ein. „Eine andere Sache ist es, sein Leben hier zuzubringen."

„In solchem stattlichen Hause, umringt von Wald und Gärten!" meinte Eduard, „läßt sich's wohl aushalten. Das sind ja, wie ich sehe, lauter Fruchtbäume."

„Daran fehlt es uns nicht," sprach der Capitän. „Emma soll Dir Kirschen pflücken, wie sie nicht in Christiania wachsen und unsere Birnen und Aepfel werden in den Bergen gut bezahlt. Bei alledem ist es solchem jungen Springinsfeld doch nicht zu rathen, den Versuch zu machen, hier sein Leben einzurichten."

„Warum nicht, Vetter," erwiederte Eduard lebhaft. „Wer die Natur liebt, kann auch mit und in ihr leben, wo es sein mag."

„Wenn sie immer so grün und heiter aussähe, o ja!" lachte der Gaardherr, „aber bleib drei Monate bei uns, dann will ich Dich wieder fragen. Wenn die Stürme über Fortunfjield rasen, die Schneewirbel von den Horungerne herunterkommen und aus den Nebeln hervor die Wellen des Fjord ihre eisigen Kämme zeigen, wirst Du anders sprechen. Das ist nichts, Vetter Eduard, nichts für Dich; ist es nicht so? Du bist ja wohl ein Künstler? Eh! Deine Mutter schrieb davon, ein Maler? Was?"

„Ich habe wenigstens eine deutsche Maler-Akademie besucht, Vetter."

„Und willst hier Naturstudien machen? Findest reichen Stoff dazu überall. Glück in Deine Hand, mein Sohn. Male darauf los und fülle Deinen Kasten da, bis Du es satt hast in Halbart Mare's altem Haus und am Sogne. Jetzt aber komm und ruhe aus. Emma wird uns auftischen, was uns gut thut. Du mußt das Willkommen im Hause mit uns trinken, wie es Sitte am Sogne ist."

Damit geleitete er den Gast in ein Zimmer unter den Säulenbau, auf welchem der Altan lag und nöthigte ihn, es sich so bequem als möglich zu machen. Es war ein großer, stattlicher Raum, zwar mit einfachen Mobilien versehen, unter denen man aber doch Einiges vielleicht nicht hier vermuthete. Vor allen stand dort an der Wand ein großes, schönes Clavier und zwischen den Fenstern hing ein Spiegel, der bis an die Decke reichte. An der andern Wandseite stand ein weichgepolstertes Sopha und am Tische ein mächtiger Lehnstuhl mit braunem Leder überzogen und sehr bequem zum Ausstrecken des Körpers eingerichtet. Das Zimmer war mit einer französischen Tapete tapezirt, die Decke mit einem Deckenstück. Obwohl das ganze Gebäude von Holz war, wie alle Häuser im Lande, merkte man doch nichts davon, die drei Fenster waren hoch und hell, mit Vorhängen von blumigem Mousselin behängt.

Der Hausherr bemerkte wohl, daß seinem jungen Verwandten diese Einrichtung sehr wohl gefiel und daß er mit Vergnügen sich in den weichen Stuhl setzte. "Oho," sagte er lächelnd, "die Bären laufen nicht am Sogne umher und speisen mit uns von einem Teller, wie man bei Euch zuweilen unser Land abmalt, aber was Du hier siehst, Vetter Eduard, hat seinen guten Grund. Wo ein Mädchen im Hause ist, gibt es auch allerlei Putz und Verweichlichung. Im Eidehof fand man sonst nichts, als hölzerne Stühle vom besten Birkenholz und Tische von demselben Stoff, als Emma aber aus Christiania zurückkam, brachte sie modische Angewohnheiten mit und Weibern muß man den Willen thun, wenn sie nicht sterben sollen. Das ist ein gutes, altes Sprüchwort. Ich habe daher ihr zu Gefallen aus Bergen allerlei feine Sachen kommen lassen, die man dorthin von Deutschland herüber bringt, und einer unsrer Freunde, der oft dahin reist, schleppt immer mehr unnützen Tand in mein Haus."

"Ich sehe nicht ein," antwortete Eduard, daß ein Mann dadurch schlechter wird, wenn er lieber auf einem weichen Polster sitzt, denn auf hartem Holz oder Rohr."

„Oho!" lachte Halbart Mare, mit seinem Stock aufstoßend, „Du gehörst zu denen, die den saftigen Braten lieber essen, als das Wild jagen."

„Jedes zu seiner Zeit," scherzte der junge Vetter, „inzwischen denke ich, daß, wer das Wild jagt, auch den Braten nicht verschmäht, oder wer arbeitet, überhaupt auch genießen soll, was ihm schmeckt."

„Das denkt Ihr junges Volk," antwortete der Capitän, indem er eine lange Pfeife ergriff und Feuer schlug, um sie in Brand zu setzen, „aber zu Eurer Väter Zeit war es anders. Da herrschten einfache Sitten, so nach oben, wie nach unten, und die ältesten, edelsten Familien im Lande lebten kaum besser, als die Bauern."

„Das waren rohe Zeiten," sagte Eduard, „jetzt will Jeder genießen, was er bezahlen kann."

Halbart Mare zog die dicken, rothen Augenbraunen zusammen: „Bessere Zeiten, als es jetzt sind," antwortete er, „wo jeder Hans Narr sich breit macht, und die Nase so hoch in die Luft hält, daß er über jeden Stein stolpert."

Eduard schwieg, er sah wohl, daß seine Antwort den Gaardherrn noch mehr reizen würde, aber dieser fuhr in derselben Weise fort: „Ich habe niemals viel von der neumodischen Weisheit gehalten, habe mich davor bewahrt und nach dem Eidelhof am Lysterfjord geflüchtet, wo man nichts von gelben Handschuhen und lackirten Stiefeln weiß, habe hier nun länger als zwanzig Jahre gesessen, und was Du umher siehst, ist mein Werk. Der Hof lag wüst auf einem wüsten Hügel, ein Dutzend schlechte Aepfelbäume war Alles, was ich fand. Alle diese Terrassen, alle diese Gärten habe ich geschaffen, Korn und Kartoffeln auf Stellen angebaut, wo sonst nur Haidedisteln wucherten, und so den Hof herauf gebracht, daß er jetzt sechs mal mehr trägt, als damals. Nur," fuhr er ruhiger fort, „Reichthum ist dabei nicht zu schaffen, denn solche Verbesserungen machen auch große Kosten, aber auf meinem freien Erbe bin ich ein freier Mann, nichts weiter; will auch nichts weiter sein."

„In unserer Zeit," sagte Eduard, „muß, wer viel Geld erwerben will, Handel treiben."

„Handel, bah!" versetzte Halbart Mare rauh und eine gewaltige Wolke Tabacksdampf vor sich her blasend. „Bei ihren Heringen bekommen die Krämer Heringsseelen. Es gibt genug davon in dem alten Norwegen, die nichts weiter im Leibe haben — und sich dabei die Ersten im Lande dünken."

„Ackerbau und Handel sind doch immer die ersten und vornehmsten Beschäftigungen der Menschen gewesen," erwiederte der junge Mann, „und werden es auch alle Zeit bleiben. Alle menschliche Bildung beruht darauf und alle Staaten haben sich auf dieser Grundlage aufgerichtet. Im Grunde," fuhr er lächelnd fort, „ist jeder Mensch ein Handelsmann, der irgend eine Waare auf den Markt bringt und andere dafür eintauscht."

„Am Sogne gibt es nicht viel auf den Markt zu bringen," fiel der Capitän ein.

„Ei," sagte Eduard, „geben Ackerbau und Viehzucht nicht viel, so wächst doch Holz hier in Menge und die Holzhändler machen sicherlich gute Geschäfte."

Er dachte dabei an den Holzhändler, den er kennen gelernt, und hatte eine Frage nach ihm auf der Zunge, aber er schwieg, als sein Verwandter nachdrücklich antwortete: „Gute Geschäfte machen sie, doch unsere Wälder gehen dabei zu Grunde. Die Bauern verkaufen ihr Holz, denn die blanken Speciesthaler werden immer mehr bekannt, und die Händler fragen nichts nach der Waldverwüstung, die immer weiter um sich greift. Ich sage nichts gegen den Handel, zumal mit Holz, verkaufe es auch, wenn ich es habe, und sind manche Leute dabei betheiligt, die aus guten, alten Familien stammen. Mag jeder seinen Neigungen folgen, doch mein Wald soll nicht niedergeschlagen werden, denke, es soll nimmer geschehen."

„Hat der Hof von Eide viel Wald?" fragte Eduard.

Der Capitän zeigte gegen die Bergwand hin und sagte: „das ist Alles mein, und manche hohe Gebote sind mir schon dafür gemacht worden, aber ich will nichts davon hören. Der Gaard bleibt wie er ist; was zum Leben gehört, habe ich und komme gut aus in meiner Hütte bei meinen einfachen Gerichten. Du mußt nicht denken, Vetter Falkland," lachte er auf, „daß wir Dich hier köstlich bewirthen werden. Ein Fisch aus dem Fjord, ein Stück Hammel, oder Ziegenfleisch, eine Milch- oder Mehlsuppe, saures Brod und ein Gericht Bohnen oder Erbsen, das ist Alles, was Du aus Emma's Küche zu erwarten hast. Da kommt sie schon und wird Dir beweisen, was Wahrheit ist."

Emma kam mit einer alten Magd, welche Tischgeräth trug, und bald war unter dem Vorbau des Hauses im Freien die gastliche Tafel bereit, zu welcher er eingeladen wurde; allein er fand diese so übel nicht, wie sein Vetter sie geschildert hatte.

Ein Seyfisch aus dem Fjord schmeckte ausgezeichnet, ein gewaltiges saftiges Fleischstück dampfte in seiner Brühe und von frischen Eiern hatte Emma's kunstfertige Hand einen Auflauf verfertigt, ganz so, wie ihn seine Mutter zu machen verstand und wie er ihn ganz besonders liebte. Das war somit ein lucullisches Mahl, wie er es lange nicht gehabt, denn die Wirthshäuser auf seiner langen Reise waren, wie überhaupt meist in Norwegen, derartig, daß man sich selbst mit einigen eßbaren Dingen versehen haben muß, wenn man mehr verlangt, als die gröbsten und gewöhnlichsten Nahrungsmittel. Der Capitän erhöhte jedoch die Reize dieses Empfanges, indem er seinen rothen Wein nicht schonte, den er aus Bergen erhielt, wo die Kaufleute alle ihre fernen und nahen Kunden in den Fjorden mit europäischen Luxusartikeln aller Art versorgen. Mit Kleidern und mit Geräthen, mit französischen Weinen und Seidenroben, englischen Stoffen und deutschen Möbeln, und wenn noch etwas fehlt, sind die Landkrämer da, welche tausenderlei verschiedene Dinge in ihren Kramläden aufgestapelt haben. Der Capitän aber nahm sein Glas in die Hand und sprach zu seinem Gaste: „Sei also willkommen im Eidegaard, Vetter Falkland, und möge es Dir so gut bei uns gefallen, wie wir Dich gern an diesem Tische sehen."

„Und mögen Sie darüber eine Zeit lang vergessen können, Vetter Eduard," setzte Emma hinzu, indem sie von ihrem Glase nippte, „daß der Lysterfjord eine arme, wilde Einsamkeit ist, die von der großen Welt, zu der Sie gehören, weit abliegt."

Eduard Falkland dankte mit freundlichen und betheuernden Worten, und bis spät die Nacht kam, saß er mit Vater und Tochter auf der Veranda in mancherlei lebhaften Gesprächen. Als er aber kühl zu werden begonnen und die Röthe auf den hohen Eisstirnen der Jötunfjellen erblaßte, trank Halbart Mare mit ihm ein letztes Glas als Schlaftrunk, und dann erschien die alte Magd und geleitete ihn in ein Nebenhäuschen, wie solche häufig auf den Höfen der größeren Gaardherrn zum Aufenthalt ihrer Gäste bestimmt sind.

Es war artig ausgestattet und er fand ein weiches Bett; allein noch lange Zeit konnte er nicht einschlafen. Es mochte der Wein sein, den er reichlich getrunken und welcher nun sein Blut erhitzte. Er stützte den Arm auf die Kissen und dachte über das Erlebte nach, während in der Finsterniß die Gestalten seiner Verwandten ihn anschauten. Sie machten ihm beide zu schaffen, denn er konnte nicht mit ihnen fertig werden, obwohl er sich bemühte, zur Verständigung zu gelangen. Der alte Mare war ohne Zweifel ein vielerfahrener Mann, streng und hartnäckig in seinen Meinungen, von mancherlei Vorurtheilen befangen, wie sie Leuten eigen sind, die sich klug dünken und denen so leicht Niemand widerspricht. Eduard hatte schon bemerken können, daß der Capitän am Lysterfjord in hohem Ansehen stand, und daß er sich darauf viel zu Gute that. Seine rauhe Offenheit und die Einfachheit, welche er so oft im Munde führte, schien nicht ganz wahr zu sein, es lag sicherlich eine gute Portion Hochmuth darin versteckt. Er nannte sich zwar selbst einen Bauer, und hatte am Abendtisch erklärt, daß er mit Freuden seinen Adel abgethan habe, allein er vergaß dabei nicht zu bemerken, daß er von den alten Jarlen und Grafen von Mare abstamme: überhaupt aber, obgleich seinen Reden nach ein gewaltiger Demokrat im freien Norwegen, sprach er doch sehr gern von den alten Landesfamilien und ärgerte sich darüber, daß diese durch das neumodische Wesen, durch Beamtenregiment und reichgewordene Krämer von ihrem Ansehen eingebüßt hätten.

So viel war gewiß, daß Halbart Mare hier auf seinem Hofe am Lysterfjord selbst ein kleiner Regent war und zwar keiner von den mildregierenden. Was er anordnete, lautete kurz und bestimmt, und daß seine Leute an pünktlichen Gehorsam gewöhnt waren, zeigte die Art, wie sie sich beeilten. Einem Verwalter oder Großknecht, der am Abend sich einfand, Bericht erstattete und Befehle in Empfang nahm, gab er diese in oberherrlicher Art. Der Mann hörte ehrfürchtig zu und ließ sich geduldig schelten. Eduard hatte so Vieles von den patriarchalischen Sitten im Innern des Bauernlandes und von dem stolzen Gleichheitsgefühl dieser armen Hirten und

Fischer gehört, was er hier durchaus nicht erkennen konnte; aber sein demokratischer Vetter schien ihm auch nicht dazu geeignet, mit seinen Knechten und Mägden aus einer Schüssel zu essen und aus einem Kruge zu trinken.

Was Emma anbelangte, so verwirrten sich seine Gedanken noch mehr über sie. War der Empfang schon nicht so gewesen, wie er es wünschte, so war ihr Benehmen während dieses ersten Abends nicht viel versöhnlicher. Sie ließ es zwar nicht an Aufmerksamkeit für ihn fehlen, zeigte sich freundlich und theilnehmend und sprach gern mit ihm von der Vergangenheit, wie von ihm selbst und was ihn anziehen konnte, aber er vermißte etwas daran, was er gewiß erwartet hatte. Er vermißte alle und jede Herzlichkeit und bemerkte dagegen fortgesetzt jenen Grenzstrich der Annäherung, den Emma Mare sich gezogen hatte. Ueberhaupt war sie nicht mehr, die sie gewesen. Sonst ein fröhliches, übermüthiges Kind, jetzt eine Jungfrau mit dem Anstrich besonderer Verständigkeit, einer Nüchternheit des Denkens und Empfindens, bei dem die poetische Empfänglichkeit des jungen Künstlers fröstelte. Er fühlte diesen Frost noch in seinem Bette mit der Gluth in seinen Adern kämpfen, und einmal, als er die Augen zugemacht hatte, kam es ihm vor, als hörte er Skalden's Hohnlachen und dessen rauhe Stimme: „Sie werden ihre Zeit bei Emma Mare gut anwenden. Sie sind der Mann dazu!" Er machte seine Augen auf, aber er sah nichts, fiel in die Kissen zurück und schlief ein.

III.

Am andern Tage besah er den Gaard des Capitäns, so weit das Gut in der Nähe sich ausdehnte. Sein Verwandter war heute besser auf den Füßen und führte ihn durch seine Gärten, Anlagen und Feldstücke umher, was nicht ohne einige Beschwerden möglich war. Denn hier dehnte sich keine Ebene mit reichem Ackerland aus, sondern dies lag auf verschiedenen Bergabsätzen auf den kleinen Plateaus, die sich da und dort bildeten, oder in einigen kleinen thalartigen Senkungen an der Seite der Bergwand, welche sich gleichsam dazu öffnete. Sorgfältig war hier alles lose Gestein fortgeschafft und, wie der Capitän versicherte, viele fruchtbare Erde auf Pferden und Menschenrücken in Säcken hinaufgeschafft worden, um diese kleinen Feldstückchen bilden zu können, aus deren Mitte zuweilen ungeheure Blöcke aufragten. Aber die Arbeit hatte in diesem rauhen Lande dennoch gelohnt; bei der südlichen Lage wirkte die Sonne hier fruchtbringender, als man meinte, und mehrere hundert Fuß aufwärts gab es noch manche hübsche Ackerstücke, wo Roggen und Gerste in schönen Aehren stand und die Kartoffeln blühten. Hier sah der Gast auch erst, daß Eide ein großes Gut war, denn weit lief sein Waldgebiet am Fjord hin und nach Fortunenthal hinab, dabei erzählte Halbart Mare von seinen Alpenweiden und seinen Sennhütten oder Seterien, wo jetzt seine Heerde sammt dem größten Theil seines Hausgesindes sich befand, um Butter und Käse zu bereiten. Schmale, steile Pfade führten von Absatz zu Absatz durch Gebüsch und Waldbäume zu den Feldstücken hinauf und da und dort standen hoch oben die kleinen Hütten der zum Gaard gehörenden Dienstleute, welche hier mit Weib und Kind wohnten. Mit Theilnahme hörte Eduard die Schilderungen seines Verwandten von dem einsamen, wilden Leben dieser Familien, welche zur Winterzeit oft viele Wochen lang tief verschneit und abgeschnitten von aller menschlichen Gemeinschaft blieben, zehrend von ihren Vorräthen und darbend mit ihrem Vieh, bis der Frühling Alle wieder zu neuem Leben aufweckte. Aber diese Dienstleute, so sagte auch der Capitän wie Herr Skalden, gehören oft seit unerinnerlichen Zeiten zu diesen Hütten. Sie erben von Geschlecht zu Geschlecht und obwohl Hörigkeit niemals die Norweger an die Scholle fesselte, wechselten doch diese Arbeiterfamilien sehr selten den Platz und ihre Herren.

Eduard zählte wohl ein Dutzend solcher Gaardhäuser und der Capitän sprach sehr stolz von den Rechten dieser freien Leute, von denen die meisten in behaglichen Zuständen sein sollten. „Sie schaffen für mich," sagte er, „und ich gebe ihnen Haus und Ackerstück, Futter für ihre Kühe, Holz für ihren Heerd, dazu gewissen Lohn für ihre Arbeit. Im Uebrigen sind sie so unabhängig wie ich es bin, selbstständige Männer, die in ihren Jacken und Mützen den Kopf hoch halten und nicht wie bei Euch in den Städten sich vor dem reichen Krämer in Stock und Hut bücken müssen. Das ist der Unterschied, Vetter Falkland. Hier im Westen sind wir alle Bauern, alle freie Männer, die ihr Recht kennen. Hier gibt es auch keine verschiedene Benennung der Person, Jeder redet den Andern mit Du an, mag er sein, wer er will. Und wenn des Königs Statthalter käme oder der König selbst, er würde nicht anders behandelt werden."

„Daraus beweist sich nicht viel," meinte Eduard. „In Rußland sagt der Bauer auch zu seinem gnädigen Herren und zum großen Czaaren selbst Du und nennt ihn Väterchen, aber Prügel und Fußtritte bekommt er doch und mit der Gleichberechtigung sieht's übel aus."

Der Capitän blieb auf dem abschüssigen Pfade stehen und sah sich grämlich um, ehe er aber antworten konnte, klangen rasche Schritte über ihnen auf dem harten Fels und gleich darauf kam zwischen den Büschen ein Mädchen zum Vorschein. Es war eine junge Bäurin, die einen Korb auf dem Kopfe trug, der ziemlich schwer sein mußte, trotz dessen war ihr Gang elastisch und die große schlanke Dirne ein Bild von Kraft und Gesundheit. Zwei breite goldscheinige Zöpfe hingen ihr tief auf den Rücken nieder und in ihrem erhitzten Gesicht funkelte ein glänzend Augenpaar.

„Glück in Dein Haus, Capitän", sagte sie. „Mach' ein wenig Platz, daß ich vorüber kann."

„Wo kommst Du her, Signa?" fragte Harbart Mare.

„Von Fortun's Seterie," war ihre Antwort. „Bring' dem Herrn Grimmur frische Butter und will nach meinem Bruder sehen".

„Nach keinem Andern, Du rasche Dirne?"

„Habe meine Augen für mich", erwiederte sie, indem sie schelmisch und fragend den Fremden ansah. „Hast Du Besuch bekommen, Capitän?"

„Es ist mein Vetter. Gefällt er Dir?"

„Ein schmucker Bursch," sagte sie. „Ob er mir gefällt, ist einerlei, doch was sagt Jungfrau Emma zu ihm?"

„Darüber kannst Du sie selbst fragen."

„Das will ich thun, Capitän. Aber weißt Du, was ich denke?"

„Was denkst Du denn?"

„Daß wir bald Hochzeitskuchen essen werden im Gaard von Eide!" lachte sie an ihm vorbeilaufend. „Farewell Capitän!"

„Denk Du an Deine eigene Hochzeit, Du Affe!" rief Halbart Mare hinter ihr her.

„Ja, Herr!" schrie sie zurück, „Tag und Nacht denk' ich daran, und werd's Dir bald beweisen."

Es war ersichtlich, daß der Capitän sich über das naseweise Mädchen ärgerte, obwohl sie eigentlich, wie Eduard meinte, nach seinen Grundsätzen freier Gleichberechtigung verfuhr. Aber er wagte nicht, ihm dies zu sagen und sein Verwandter schien keine Lust zu haben, über die Dirne Worte zu verlieren. Nachdem seine bösen Falten verschwanden, begann er lieber von seines Vetters Vorhaben zu sprechen, Bilder zu machen oder doch die Studien dazu und verhieß ihm die reichsten Erfolge. „Wir wohnen hier an der besten Stelle," sagte er, „wo es das Schönste und Erhabenste zu sehen gibt. Dort drüben auf dem Jötunfjeld könntest Du den ganzen Sommer umherwandern und über uns auf den Fortunfjellen sieht es vielleicht noch romantischer aus, wie Ihr es nennt. Da liegen die höchsten Bergstöcke in ganz Norwegen, die Horungerne mit ihren Eisfeldern und schwarzen Felsenthälern. Hundert Meilen weit geht's dort durch ungemessene Wüsten, die den wilden Rennthierheerden allein gehören. Alle Maler der Welt könnten da malen ihr Leben lang, und würden nimmer fertig werden.

„Wahrscheinlich kommen selten genug Maler hierher", fragte Eduard.

„Selten ein Fremder überhaupt", antwortete der Capitän, wenn es nicht etwa dann und wann ein Engländer ist, der, mit seinem Reisebuch unter dem Arm, sich den großen Wasserfall Feigumvoß ansehen will und dann über die Forunfjellen fort an den Ottevand hinunter nach Guldbrandsdalen zieht, um auf die große Straße nach Trondhjem zu gelangen."

„Es geht also doch ein Weg über die Gebirge?"

„Ein Weg," lachte Halbart Mare. „Nu, mußt ihn ansehn, mußt hinaufsteigen, ist der Mühe werth. Ihr Leute aus dem Süden seid gewöhnt auf bequemen Straßen im Carriol zu fahren und meint daher, es müßte überall so in Norwegen geschehen."

„Ich bin darauf vorbereitet etwas zu wagen", erwiederte Eduard, „und eine Rennthierjagd wäre meine Lust."

„Schade, daß Du nicht ein Mandel Jahre früher gekommen bist," sagte der Capitän, „so hätt' ich Dir zeigen wollen, was Steigen und Jagen in den Tinden am Lyster heißt. Aber ich weiß Einen," fuhr er fort, „der wirds für mich thun. Bei ihm kommst Du an den rechten Mann und Gott's Tod! da steht er schon vor uns. Sieh dort, mein Junge, der da geht mit Emma und wie ein Eichhörnchen nach den Kirschen springt, das ist der beste Jäger weit und breit am Lyster, und schwerlich Einer im Lande, der die hohen Wüsten so gut kennt, wie er."

Der Hof von Eide lag hundert Fuß unter ihnen, und Eduard sah, wie im Garten an der Reihe der schönen Kirschbäume, Emma mit einem Herrn umherspazierte, der ihr wahrscheinlich Hülfe leistete, um ein Körbchen mit den süßen Früchten zu füllen, wobei es lustig hergehen mochte. Er dachte gleich, daß dies Herr Skalden sei, und seine scharfen Augen überzeugten ihn bald, daß er sich nicht täuschte. „Den Herrn kenne ich schon", sagte er, und während er mit dem Capitän weiter ging, erzählte er ihm, was sich gestern ereignet hatte.

„Hast an Grimmur Skalden eine gute Bekanntschaft gemacht", erwiederte Mare; „es hat sich wohl gefügt und wird Dir von Nutzen sein. Es ist Einer von den Besten am Lyster," fuhr er fort, „kein heraufgekommener Krämer oder eines Sorenskrivers Sohn, der das Volk ausplünderte, sondern stammt aus guter alter Familie, und hat seinen richtigen Sogneverstand. Den Leuten vom Sogne hat man von alten Zeiten her nachgesagt," lachte er, „daß sie ein Loth mehr Gehirn im Kopfe haben; als alle übrigen Norweger; das heißt, betrügen wird sie so leicht Keiner. Grimmur Skalden aber hat noch ein Quentchen mehr davon bekommen als alle Andern. War sein Vater schon klug, ist er noch klüger. Ein reichlich Vermögen hat er geerbt vorletzten Jahrs als der Alte heimging, und er weiß es zu mehren. Siehst Du da einen echten Sognemann, ist eine Freude ihn anzuschauen."

Ein unverkennbar lebhaftes Wohlwollen malte sich in dem harten

Gesicht des Capitäns und er strengte sich an, um schneller zu gehen.

Schon von Weitem rief er dann einen weit schallenden Gruß hinab und Skalden blickte hinauf, ließ Emma's Hand los und kam ihm entgegen.

„Willkommen Grimmur", sagte der Capitän, „wir haben Dich seit drei Tagen nicht gesehen."

„Viele Geschäfte", erwiederte jener. „Ich bin bis nach Vag hinuntergewesen, Capitän, und gestern Abend erst zurückgekehrt. Während dessen ist ein Gast in Dein Haus gekommen."

„Mein Vetter Falkland, der Deine Bekanntschaft schon gemacht hat."

Mit freundlichen Mienen reichte Skalden Eduard seine Hand und schüttelte diese herzhaft. „Sagte ich Ihnen nicht, wir würden uns bald wiedersehen", sprach er dabei. „Dies ist eine Stelle, an der ich so leicht nicht vorübergehe, wenn ich ihr nahe bin."

„Das sollst Du niemals thun," fiel Halbart Marc ein, „und heut sollst Du bei uns bleiben."

„So lange ich bleiben kann", erwiederte Skalden. „Jomfru Emma hat mich an Deinen Tisch geladen, das darf ich nicht ablehnen, dann aber muß ich fort."

„Nu", sagte der Hausherr, „Du weißt, wir sehen Dich gern, wenn es aber Emma nicht gelungen ist, Dich festzuhalten, dann will ich meine Beredtsamkeit sparen."

„Ich glaube nicht, daß große Beredtsamkeit nöthig ist, mich hier zu fesseln, wenn es irgend angeht", lachte Skalden, und indem er seine feurigen, dunkeln Augen auf Emma heftete, welche eben hereinkam, setzte er hinzu: „Aber ich hoffe, daß Zeiten kommen, wo ich lange und oft bei Dir sein kann; für jetzt beneide ich diesen glücklichen Vetter, der Deines Hauses Freuden mit Dir theilt." Grimmur Skalden nahm dabei dem Fräulein das Körbchen mit den Kirschen ab und bot ihr seinen Arm, der Capitän folgte mit seinem Verwandten, und nach einiger Zeit hielten sie ihr gemeinschaftliches Mahl, bei dem es fröhlich herging. Emma saß zwischen den beiden jungen Männern, welche ihr in verschiedener Weise huldigten. Skalden richtete viele scherzende Fragen an sie, über ihre Kochkunst, ihre wirthschaftliche Erfahrenheit, über vergangenes Leben in der Hauptstadt und wie sie noch jetzt daran heimlich hänge, was sich beweisen lasse durch ihre Neigung Bücher zu lesen und auf dem Clavier zu spielen. Ihr Vater stimmte ein und erzählte, wie Emma im ersten Jahre, wo sie wieder am Lysterfjord gelebt, ganz schwermüthig oft gewesen sei und Tage lang in sich gekehrt gesessen habe. Das gab zu neuen Scherzen Veranlassung, gegen welche das Fräulein sich in ruhiger Weise zu vertheidigen suchte; und sie that dies, indem sie ihren Vetter in das Gespräch zog, der schweigsam und beobachtend zuhörte.

„Aber wie ist es nun?" fragte Grimmur. „Regt der Herr Vetter aus Christiania nicht alle alten Erinnerungen auf und möchten Sie nicht, daß das lustige Stadtleben wieder begönne?"

„Mein Vetter regt nichts auf, was ich nicht haben möchte", erwiederte sie. Skalden lachte. „Gut, ich will's glauben", fuhr er fort, „aber ich sagte es ihm schon, er sei hier an seinem Platze. Ihr könnt zusammen Musik machen."

„Das wollen wir auch", antwortete sie.

„Und wir beide, Capitän, können dazu tanzen."

„Puh", sagte Halbart Mare in seiner trockenen Weise, „es kommt darauf an, Grimmur, wie uns die Melodie gefällt."

„Sonst machen wir uns unsre eigene dazu", rief Skalden übermüthig und seine dunkeln Augen betrachteten Falkland. „Aber Fräulein Emma hat ja auch wohl einmal gezeichnet? Ich habe Zeichenbücher hier gesehen."

„Bah!" rief ihr Vater, „die Mädchen lernen in der Stadt viel Zeug, das zu nichts nützt und zu Haus in den Winkel geschmissen wird, um nicht wieder hervorgeholt zu werden."

„Ich erinnere mich, liebe Emma, daß Sie recht artig zeichneten," begann Eduard, „haben Sie es niemals wieder versucht?"

„Hier gibt es Anderes zu thun," versetzte an ihrer Stelle Grimmur. „Eine Hausfrau am Sogne hat keine Zeit, mit der Zeichenmappe durch die Berge zu wandern, wie die zarten Fräulein von Christiansfjord."

„Wir müssen es aber doch versuchen," fuhr Eduard fort. „Man braucht kein zartes Fräulein zu sein, Herr Skalden, man braucht nur einigen Sinn für andere Freuden zu haben, als die gewöhnlichen häuslichen, einige Lust, sich auch mit andern Dingen zu beschäftigen, als mit sogenannten nützlichen, und einigen Geschmack, der über den der Zungennerven hinausgeht, so spottet man über solche Zeitanwendung nicht."

„Sehr richtig, Herr Falkland," lachte Grimmur. „Man muß kein roher Wilder sein, der für nichts Sinn hat, als für das Materielle, wie man es nennt. Bildung fehlt uns noch am Lysterfjord, ist es nicht so? Wenn wir in den Fortunfjellen erst alle Musik machen, statt des Sturmes, der es jetzt allein thut, wird's ein wahres Arkadien werden. Sie sehen, Herr Falkland, ich habe auch meine Studien gemacht. Mein Vater hat mich nicht umsonst auf die gelehrte Schule nach Bergen geschickt, aber ich gestehe Ihnen, ich bin mit einem harten Kopfe zurückgekommen. Der Henker hole alle Zeichenmappen! Doch, bei Gott! verkennen Sie mich nicht, weil ich so sündlich fluche. Ich trinke auf Ihr Wohl, Herr Falkland, und daß Ihnen Alles gerathen möchte, was Sie beginnen. Wenn Fräulein Emma Lust hat, romantisch zu sein, so lassen Sie sich helfen, und wenn Sie meines Beistandes bedürfen, so stehe ich gern zu Diensten. Ich weiß bei aller meiner Unwissenheit doch manche schöne Stelle, wo ich zuweilen selbst schon gedacht habe: Schade, daß Du kein Maler bist! Und solcher gibt es selbst schon hier in der Nähe. Nach dem Optunbach müssen Sie den romantischen Vetter zunächst führen, Fräulein Emma. Er kann dort ein Stückchen rohe Natur von Lysterfjord kennen lernen."

Eduard ließ sich erzählen, daß es in der Nähe ein kleines Felienthal gäbe, wo ein schöner Wasserfall von hoher Wand niederstürze und war sehr zufrieden mit dem Vorschlag des Capitäns, am Nachmittage dorthin zu wandeln. Das Gespräch wurde dadurch auf andere Dinge gebracht, aber im Stillen ärgerte sich Falkland über manche Aeußerungen, die er von Grimmur Skalden gehört hatte. Er wußte nicht wie es kam, doch er konnte nicht lange mit diesem Manne sprechen, ohne in einen Zustand der Gereiztheit zu gerathen. Er fühlte sich bespöttelt und es kam ihm vor, als ob es absichtlich geschehe. Bisher hatte er nicht die geringste Veranlassung dazu gegeben, aber ein geheimes Feuer brannte in ihm. Gleiches mit Gleichem zu vergelten. Dann aber war Grimmur auch wieder wie umgewandelt und er hörte ihm mit Vergnügen zu; nichts Feindliches und Falsches ließ sich an ihm entdecken. Er erzählte von seinen Jagdzügen, von Abenteuern, die er bei wochenlangen Streifereien durch die unwirthlichsten Wüsten des Gebirgs erlebt, das er bis zu den Hardangerfjellen durchstrichen hatte und Halbart Mare vervollständigte die anziehenden Schilderungen, denn auch der tapfere Capitän war ein rüstiger Renntthier- und Bärenjäger gewesen, so lange seine Beine ihm dies erlaubten. Eduard Falkland hörte so Vieles von den Gefahren und Wundern dieser Felsenwüsten, daß er ein brennendes Verlangen empfand, bald einmal die seltsamen Gipfel und Thäler der Fortunfjellen kennen zu lernen, und forderte Skalden lebhaft auf, sein Führer und Begleiter dabei zu sein.

„Ich will's thun, sobald es sich schickt," antwortete Grimmur, „allein," fügte er mit einem spottenden Blick hinzu, „es ist die Frage, ob es Ihnen gut bekommt."

„Wenn Sie meinen, daß die Beschwerden mir zu groß sein könnten," erwiederte Eduard, „so beruhigen Sie sich darüber. Ich habe, als ich in Deutschland war, die Schweiz und Tyrol besucht und manchen höheren Gebirgsstock erstiegen, als diese Fortunfjellen sind.

„Wirklich," lachte Skalden, „nun dann werden wir ja sehen, was Sie leisten können. Aber ich will Ihnen Eins sagen, Herr Falkland. Hier gibt es nicht, wie in der Schweiz, gute Wirthshäuser, wo man des Abends einkehrt, um sich an eine wohlbestellte Tafel zu setzen und in weichen Betten auszuschlafen. Hier gibt es nichts für den Jäger, als was er in seinen Jagdsack steckt. Der nackte Fels liefert ihm ein rauhes Lager, vielleicht während mehr als einer langen Regennacht, oder in Schneewirbeln und dichten Nebeln. Wenn Sie davor den Muth nicht verlieren, so wollen wir nächstens einmal den Fortunensteeg zusammen hinaufsteigen; bei den Seterhütten will ich dann wieder anfragen, ob wir weiter gehen wollen."

Eduard versicherte, er würde nicht nein antworten, aber der Capitän sprach bedenklich: „Gib Dein Wort nicht darauf, mein Junge. Du hast das Land da oben noch nicht gesehen, es möchte Dir ein Grauseln ankommen. Nimm's also an, was Grimmur Skalden bietet. Steig mit ihm hinauf zu den Seterien, da werden die Setermädchen für Dich weiter sorgen. Hör' an Grimmur!" rief er sich unterbrechend, „es war vorher eine hier, die von Deinen Weiden herunterkam. Hast sie gesehen? Hat sie im Gaard angesprochen?"

„Wer war es?"

„Deine erste Magd, das Erbstück in Deinem Hause, Signa, mit einem großen Korbe."

„Die weiß ihren Weg zu finden," sagte Grimmur.

„Ist ein schmuckes Mädchen geworden, doch von trotzigem Sinn und schlechter Zucht."

Grimmur schien etwas darauf antworten zu wollen, was er unterdrückte und lachend sein Glas leerte. „Es ist ein wilder Sprößling." sagte er dann, „aber das Hausregiment versteht sie aus dem Grunde und ist ächt sognisch Weiberblut in ihren Adern, das sich nirgend wohler fühlt, als auf den Bergen in den Seterien. Das müssen Sie sehen, Herr Falkland. Es ist ein sonderlich Sommerleben auf den Weiden, aber wie in Nordland und den Finnmarken kein Fischer sich verdingt, als unter der Zusicherung, auf den Fischfang nach den Lofoden mitzuziehen, so gibt es hier kein Mädchen, das nicht ihre Sommerlust auf den Hochweiden haben möchte."

Er gab eine humoristische Beschreibung von den Herrlichkeiten dieses Lebens, von welchem freilich, näher betrachtet, nicht viel andres übrig blieb, als angestrengte Hirtenarbeit in Wartung des Viehes, beim Melken und bei der Butter- und Käsebereitung, wie auch beim Heusammeln, dazu ein Aufenthalt in schmutzigen, elenden Hütten, dem aber doch auch ein poetisches Element beiwohnte, wenn man dies hervorhob. Die Mägde waren da oben allein die ganze Woche über, am Sonnabend aber gab es wenige, die nicht Besuch erhielten. Denn die jungen Bursche, ihre Anbeter, laufen oder reiten aus den Thälern Sonnabends alle hinauf und feiern den Sonntag mit ihren Schätzen, während die Pfarrer leere Kirchen haben.

Grimmur Skalden's Andeutungen waren bezeichnend genug, und in guter Gesellschaft hätte man lieber ganz davon geschwiegen. Aber hier war ein Mann, der wenig nach keuschen Ohren fragte und vieles ganz natürlich und antastlos fand, was verfeinerte Sitten unanständig nennen.

Eduard blickte nach Emma hin, die vollkommen unempfindlich

ernsthaft aussah, während ihr Vater durch mancherlei Zusätze das Gelächter vermehrte, endlich aber doch meinte, es sei eine böse Sache mit den Sonntagsbesuchen in den Seterien, gute Sitten würden damit nicht unter dem Volk befördert.

„Es ist aber so gewesen seit uralten Zeiten," lachte Skalden, „und Mancher, der es nicht gedacht, hat sich sein Weib von den Weiden heruntergeholt. Denn Sie müssen wissen, Herr Falkland, darauf hält man in allen Kirchenspielen, daß ein Versprechen gehalten wird. Geheirathet muß ohne Gnade werden, das wissen die Setermädchen alle gut genug."

„Bsch!" sagte Halbart Mare, „bring' uns nicht in Verruf, Grimmur. Was bei Knecht' und Mädchen vorfällt, geschieht nicht in guten Familien. Ein Mann, der weiß, wozu er gehört, wird nichts mit solchem Volke gemein haben."

„Und damit ist's genug!" erwiederte Grimmur aufstehend, „denn ich muß fort und möchte gern noch ein Stück an den Optunbach mitgehen, ehe ich meinen eigenen Weg wandre."

Nach einer halben Stunde waren Emma und ihr Vetter bereit, der Capitän aber blieb zu Haus, weil es zu langsam mit ihm vorwärts wollte. Er steckte seine lange Pfeife an, setzte sich in den bequemen Lederstuhl, schlürfte seinen Kaffee behaglich ein und sah den drei jungen Leuten nach, die an der felsigen Wand aufstiegen, wo er durch das Gebüsch noch lange Emma's helles Kleid und die rothen Bänder an ihrem Strohhut erkennen, auch Grimmur's langhallenden Hirtenruf hören konnte, der verschiedene Echo's aufweckte.

Er versenkte sich in Betrachtungen und diese waren sicher vergnüglicher Art, denn die Falten und Furchen in seinem Gesicht verzogen sich zu einem angenehmen Grinsen und seine Pfeife stieß ungeheure blaue Nebelwolken aus, während er dazu auf dem Tische einen alten Regimentsmarsch trommelte. Endlich sagte er so laut, als wollte er es ausschreien: „Der Grasaffe hat Recht, Hochzeit wird sein im Eidelhof, denn lange kann es nicht mehr dauern, so wird Grimmur sein Wort anbringen. Ich bin's zufrieden, doch Emma soll's auch sein und ich denke, es geht Alles seinen richtigen Weg und ist Nichts, was als Stein darin läge, der erst fortgeschafft werden müßte."

Die Wanderer verschwanden inzwischen, denn sie bogen um einen vorspringenden Grat, als sie eine ziemlich beträchtliche Höhe erreicht hatten und vor ihnen öffnete sich nun ein breiterer Gebirgsabsatz, welchen senkrecht fallende Klippen in einem ziemlich großen Halbkreis umlagerten, bis sie weit zurückweichend zuletzt einen Spalt oder eine Schlucht bildeten, aus der ein dumpfes Brausen hervordrang.

Der schmale Pfad lief jäh hinab auf dem Bergabsatz, welcher die Ebene bildete und Grimmur, welcher bisher allerlei lustiges Gespräch geführt und seine Neckereien mit Falkland getrieben hatte, drehte sich jetzt um, damit er Emma seinen Beistand anbieten könnte, allein sie schlug diesen aus.

„Wie?" lachte er, „Sie verschmähen meine Hand?"

„Ich glaube sie nicht nöthig zu haben, um auf meinen Füßen festzustehen," war ihre Antwort.

„O, wir wollen sehen, ob Sie nicht in's Straucheln kommen und endlich doch in meine Arme fallen," fuhr er fort.

„Mit meinem Willen nicht," versetzte sie.

„Also gegen Ihren Willen, wenn's nicht anders sein kann."

Im Augenblick strauchelte sie wirklich, doch ehe Grimmur sie greifen und halten konnte, hatte dies Eduard Falkland gethan, der dicht an ihrer Seite war.

„Dank Ihnen, Vetter Eduard," sagte Emma mit einem freundlichen Blicke. Ihre Hülfe kam zur rechten Zeit."

„Ich sagte es ja," lachte Grimmur, „Sie sind an Ihrem Platze hier, Herr Falkland. Nun aber sind wir außer Gefahr und dies ist eine der lieblichsten Stellen, so recht dazu gemacht, um idyllischen Träumen nachzuhängen. Ist es nicht so?"

Der Grund war allerdings von großer Lieblichkeit und eigenthümlichem Reiz. Mit einem dichten Grasteppich bedeckt und mit zahlreichen Blumen durchstickt, rauschte ein klarer Bach darin, der sich unter Weiden und Erlenbüschen versteckte. Er kam aus einem kleinen See in der Mitte des Grundes und sprang am Rande der Ebene in zahllosen kleineren und größeren Sprüngen von Felsstufe zu Felsstufe durch moosiges Walddunkel, bis er den Lysterfjord erreichte. Der kleine See mit seinen Blumenufern war von wunderbarer Bläue, das reinste Gletscherwasser, und von solcher Klarheit, daß jeder Stein und jede Muschel auf seinem Grunde sich erkennen ließen. Oberhalb des See's aber kam der Bach aus der Schlucht herunter und dort sprühte weißer Schaum umher. Das Wasser rollte zwischen schwarzen Felsen und düstern Tannen wie ein Strom von Silber in einen tiefen brausenden Kessel, aus dem es kochend und zerpeitscht wieder emporsprang und wie von Angst und Sehnsucht getrieben in das sonnige Thal eilte.

Dort blieben die Wanderer stehen und betrachteten den Fall. „Das ist prachtvoll!" rief Eduard. „Ich muß ein Bild davon haben."

„Es sieht artig genug aus," erwiederte Grimmur, „das Ganze jedoch macht doch nur den Eindruck, wie ein geschniegelter Bursch, der nach neuester Mode ausgeputzt aus der Hauptstadt kommt und in jeder Miene steht ihm geschrieben: Seht mich doch an, was für ein prächtiger Kerl ich bin!" Seine dunklen Augen streiften dabei hohnvoll über Eduard Falkland hin, während sein Gesicht unbefangen lachte. „Wenn wir zusammen hinaufsteigen, Herr Falkland, in die Horungerne Hörner, so will ich Ihnen zeigen, was ein Wasserfall ist. Es frägt sich aber, ob Sie ihn nach Ihrem Geschmack finden."

„Unser Geschmack scheint allerdings etwas verschieden zu sein, Herr Skalden."

„Ich glaub's nicht," lachte er, „doch um so besser für uns beide. Meinetwegen folgen Sie Ihrem Geschmack, ich will behalten, was mein ist. Glück mit Ihnen, Fräulein Emma, bis wir uns wiedersehen, was nicht lange währen soll."

Nach einigen anderen scherzenden Abschiedsworten entfernte er sich, indem er quer über den Grund schritt, wo ein Hirtenpfad weiter an den Fjord hinabführen sollte. — „Ich bin in der That froh, daß er uns verläßt," sagte Eduard halb für sich, „denn seine übergroße Freimüthigkeit wird mir unbehaglich."

Emma antwortete nicht darauf. „Wenn Sie den Fall zeichnen wollen," sagte sie, „so wird es gut sein, wenn wir näher an den Eingang der Schlucht gehen. Dort ist eine Steinbank, auf welche wir uns setzen können und den ganzen Anblick vor uns haben."

„Wo ist die Bank?" fragte er.

Sie deutete auf ein dichtes Gebüsch, das zur Seite lag und beide gingen darauf zu; plötzlich aber blieb Emma stehen und als er fragen wollte, was sie erschreckte, erkannte er die Ursache schon. Auf einigen großen zu einer Bank zusammengelegten Steinen saß dasselbe Setermädchen, das er heute schon gesehen, Signa, Grimmur's Magd, und mehrere Minuten vergingen, ehe sie aus der nachdenkenden Haltung, in welcher sie sich befand, gleichsam zu erwachen schien und sich umblickte. Der Korb, welcher jetzt leer war, stand neben ihr, und ihre Hände in den Schooß gelegt und gefaltet, blickte sie in die niedergleitenden Wogen des Wasserfalls. Eduard konnte sie ungestört betrachten und fand ihr Gesicht von so seltener Frische und schöner Färbung, dabei das leicht ringelnde Haar von so goldigem Glanze, daß er an ein Modell für eine Madonna dachte, zugleich aber erinnerte er sich des prächtigen goldlockigen Burschen an der Urenäskirche und er zweifelte nicht, daß dies die Schwester sei, von welcher Skalden gesprochen hatte. Ihre Gedanken mußten nicht froher Art sein, denn ihre Mienen waren trübe und in ihrer Unbeweglichkeit schien es, als wenn ein Gegenstand ihren ganzen Kopf füllte. Nach einigen Augenblicken aber machte sie eine Bewegung und gewahrte, daß sie nicht allein sei. Sogleich stand sie auf und der Ernst wich aus ihren Zügen. „Grüß Dich, Jungfrau Emma," sagte sie; „ist ein schöner Tag heut, um den Optunfall zu sehen. Bist gesund, wie ich denke."

„Dank Dir, liebe Signa, auch Dir geht es wohl?" fragte Emma.

„Ich darf nicht krank werden," erwiederte die Bäurin, „dazu habe ich nimmer Zeit. Das ist Dein Vetter aus Christiania?"

„Ja, Signa."

„Ich habe von meinem Bruder von ihm gehört. Du wirst Dich freuen, daß er bei Dir ist. Ist es nicht so?"

„Gewiß, Signa."

„Und hast ihn lange nicht gesehen?"

„Es sind drei Jahre."

„Dann mußt Du dafür sorgen, daß er immer bei Dir bleibt, wenn Du ihn lieb hast," lachte die Seterin.

Eine hellere Röthe trat in Emma's Gesicht. „Wir können nicht immer, was wir möchten," erwiederte sie, so unbefangen als möglich lachend. „Aber wohin willst Du?"

Signa nickte ihr zu. „Dein Vetter paßt zu Dir besser als jeder Andere, den ich kenne. Was sagt Grimmur Skalden, hast Du ihn gesehen?"

„Warum fragst Du danach?"

„Sage es Dir selbst, Jungfrau Emma. Möchtest Du, daß Grimmur hier auf der Bank säße und Dich erwartete? Nein, das möchtest Du nicht," fuhr sie lachend fort, ohne eine Antwort abzuwarten, „und Du thust Recht daran. Grimmur Skalden ist ein stolzer Mann, manche Hand streckt sich nach ihm aus, aber Deine Hand ist zu weich für ihn, Jungfrau Emma. Lebt wohl, Ihr Beide. Das ist ein wacker Plätzchen für zwei, die am liebsten allein sind. Ich muß dort in die Schlucht hinauf und lasse Euch hier."

Ihren Korb aufnehmend, entfernte sie sich, und eine Zeit lang sahen die Zurückbleibenden ihr nach, wie sie über schlüpfriges Gestein dicht an der Felswand hin unter dem Sprühregen des Wasserfalles immer höher stieg und zuletzt verschwand. Emma Miare hatte sich auf die Bank gesetzt, sie war verlegen und verwirrt; Eduard nahm an ihrer Seite Platz. Er fing an zu zeichnen und sah einige Minuten über nicht von seiner Arbeit auf, als er aber einen Blick auf Emma wagte, glaubte er zu bemerken, daß sie bleich und niedergeschlagen aussah. Er ließ den Stift fallen und sagte leise: „Sie haben Kummer liebe Emma. Darf ich danach fragen."

Sie schüttelte den Kopf.

„Haben Sie kein Vertrauen zu mir? Sonst war es anders."

„O sonst!" flüsterte sie.

„Mit welchen frohen Erinnerungen bin ich zu Ihnen gekommen," fuhr er fort; „aber ach! was ich glaubte, hat sich nicht erfüllt. Ich konnte meine liebe Freundin nicht so wiederfinden, wie ich Sie verlassen; aber wenn mein Aufenthalt bei Ihnen vielleicht Ursache zu Ihrem Mißfallen wird, dann liebe Emma —"

„Sie dürfen uns nicht verlassen!" fiel sie erschreckend ein.

„Gewiß nicht, wenn Sie es nicht wollen; aber soll ich denn nicht auch der alte vertraute Freund sein, der ich früher war? Wissen Sie, Emma, was meine Mutter mir sagte und auftrug, als ich sie verließ? Ich hoffe, sagte sie, ihr werdet Beide am Lysterfjord das alte

Leben wieder anfangen und wenn es möglich ist, Eduard, so bringe Emma mit Dir zurück, in meine Arme. Sage ihr, wie lieb ich sie habe, wie mütterlich ich sie aufnehmen würde. Sage ihr Alles, was Dein Herz Dir eingibt, und bringe ihr meine Küsse, meinen Segen."

Während er dies mit innigem Ausdruck sprach, hatte er seinen Arm um sie gelegt und ihre Hand, welche in der seinen ruhte, mehr als einmal an die Lippen gepreßt. Den Kopf niedergesenkt, widerstrebte ihm Emma nicht und folgte dem Drucke, als er sie dichter an sich zog." „Mit solchen Wünschen und Hoffnungen bin ich gekommen," fuhr er leise fort, „aber Du hast mich fremd empfangen. Was ich auch ahnen mag, Emma, was selbst dies Hirtenmädchen andeutete, nichts soll mich abhalten, nach solchem Preis zu ringen. Denn sieh, theure Emma, ich habe Dich niemals vergessen. Dein Angedenken hat mich in die Fremde begleitet und als ich zurückkehrte, dachte ich an Nichts mit solcher Sehnsucht, als daran, Dich wiederzusehen."

Sie wandte ihm ihr Gesicht zu und was er in ihren Augen entdeckte, war so bewältigend, daß er sie küßte und wieder küßte und so bald nicht aufgehört hätte, wäre Emma Mare nicht plötzlich mit Heftigkeit aufgesprungen, indem sie ihn zurückstieß und sich frei machte. Ihre Wangen glühten jetzt und ihre Blicke suchten umher, als glaubte sie sich überrascht.

Der Wasserfall tobte in der Ferne, doch Nichts war zu sehen, auch hatte Eduard nichts gehört. „Wir sind ganz allein, liebe Emma," betheuerte er.

„Wir müssen nach Haus, fort nach Haus," erwiederte sie heftig athmend und noch immer scheu umherblickend.

„Was gab es denn? Was erschreckte Dich so?" fragte er.

„Eine Stimme," sagte sie. „Ein Gelächter."

„Wessen Stimme? Grimmur Skalden's?"

„Schweigen Sie, Vetter Eduard, o! schweigen Sie über Alles," fiel sie ängstlich bittend ein. „Es darf nicht geschehen, ich darf Sie nicht hören; besser wäre es sonst, wir trennten uns für immer. Versprechen Sie mir, dies Gespräch nicht wieder zu erneuern, um meiner Ruhe, um Ihres Friedens willen! So lange ich lebe, werde ich Ihre treue Freundin sein, mehr ist mir nicht vergönnt, mehr kann ich Ihnen nicht gewähren."

„Wollen Sie alle meine Hoffnungen zerstören, Emma?" fragte Falkland erstaunt und betrübt.

„Alle, alle, wenn sie mich betreffen!" rief sie mit Heftigkeit, sich abwendend. „Sie werden meine Bitte erfüllen."

„Ich kann Alles thun, was Sie wünschen, seien Sie dessen sicher," sagte er im stolzen Tone.

Sie gab ihm keine Antwort darauf. Rasch vor ihm hergehend stand sie erst in der Nähe des Gaards still und mit versöhnlichem traurigen Lächeln sagte sie leise: „Zürnen müssen Sie mir nicht, Vetter Eduard; ich habe Noth genug zu tragen."

IV.

Die nächsten Tage waren stürmisch und regnerisch, wie sie sehr häufig an diesen Fjorden sind, wo das Wetter oft im Umsehen wechselt. Schwere Schauer kamen von den Bergen und der Fjord war so dicht umnebelt, daß man ihn mehr hören als sehen konnte. Während dieser Zeit ließ sich das Haus nicht viel verlassen; der Capitän tröstete aber seinen Verwandten damit, daß nach solchen schlimmen Tagen gewöhnlich gutes und beständiges Wetter folgte und dies ihm Entschädigung gewähren würde. Das erzwungene häusliche Leben gefiel dem Capitän aber ganz behaglich, denn nicht allein, daß er an seinem Gaste einen Gesellschafter hatte, der ihm viel zu erzählen wußte, eben so gerne hörte er zu, wenn Eduard und Emma abwechselnd ihm aus den neuen Büchern vorlasen, die Falkland mitgebracht hatte, und wenn sich beide an das Instrument setzten, um zu spielen und zu singen, war er nicht weniger erfreut darüber. In dem großen Lederstuhl beschaulich ausgestreckt, vergaß er seine schmerzenden Füße über manchen wackeren Gesang und sein hartes Gesicht schmolz dann zuweilen in eine weichere Masse, wenn er die Nationallieder mitbrummte, die Eduard ihm vortrug und deren Klänge seine abgestumpften Nerven erfrischten. „Es wird uns ganz weh sein, wenn Du wieder fort bist," rief er mehrmals aus, „und ich wollte, Du könntest es auf längere Zeit versuchen, bei uns auszuhalten, obwohl bei harter Winterkälte —" damit brach er ab und setzte dann hinzu: „Nu, man könnte wirklich zuweilen wünschen, Christiania läge uns näher."

„Versuchen Sie es einmal, zur Winterzeit in Christiania zu leben," sagte Ennard.

„Bah!" brummte Halbart Mare den Kopf schüttelnd, „das geschieht nimmermehr. Hier leb' ich und hier sterb ich, habe nichts mehr mit der Außenwelt zu schaffen. Nach einer Weile und nachdem er ein halbes Dutzend ungeheure Rauchwolken ausgestoßen fuhr er dann fort: „An Einsamkeit ist Jeder von uns gewöhnt, sie drückt uns darum nicht. Wer sein Haus voll Kinder hat, behält an diesen vielleicht Gesellschaft. Wo aber Eines nur ist, das über lang oder kurz den Vater verläßt, da bleibt nichts übrig für diesen als seinen Brei allein zu essen. Sing ein neues Lied, Mädchen, ein lustiges Frühlingslied; wollen nicht weiter an solche Dinge denken, die nicht zu ändern sind. Ist Zeit genug, wenn sie vor uns stehen."

Der harte Mann stampfte mit seinem Stock auf, als wollte er die trüben Gedanken fortjagen und bald waren diese auch vergessen. Er war ein zärtlicher Vater, so viel er es sein konnte, war liebreich zu seinem Kinde, das ihn stolz machte, und sah es gern, daß Eduard sich mit Emma beschäftigte. Daß in beiden eine andere Neigung als die verwandtschaftliche und freundschaftliche sein könnte, schien ihm nicht einzufallen. Wenn der Himmel sich aufhellte, schickte er sie hinaus um spazieren zu gehen, oder um Kirschen und andere Früchte im Garten zu pflücken, oder er ermunterte sie, eines der kleinen Seitenthäler zu besuchen, oder ein Stück auf den Fjord zu rudern, wenn Abends der Wind ruhiger geworden war.

Eduard befand sich dabei in keiner angenemen Lage. Nach jenem Auftritte am Optunbache hatte seine Muhme ihre ruhige Freundlichkeit wieder angenommen und es blieb ihm nichts übrig, als diesem Beispiele zu folgen. Er versuchte es, während ein bitteres Gefühl sein Herz füllte, aber nach und nach bildete er sich ein, daß es ihm gar nicht schwer werde, weil es ihm gleichgültig sei, und mit derselben geflissentlichen Selbsttäuschung übertrieb er beinahe seine Höflichkeit und scheinbare Kälte mit der geheimen Genugthuung, sich an Emma dadurch zu rächen, die nicht meinen sollte, daß ihr Befehl ihn unglücklich machte. Erst wenn er allein und unbeachtet war, fiel diese Verstellung ab und mehr als einmal saß er bis spät in die Nacht in dem kleinen Gastzimmer und starrte nach dem Gaardhause hinüber, wo im Obergeschoß noch ein Licht brannte. Dort wohnte Emma. Warum brannte ihr Licht noch so spät? Was hatte sie auch zu wachen? Grimmur Skalden war während dieser Tage nicht gekommen, aber er hatte einen Brief gesandt, einen lustigen Brief, in welchem er sich entschuldigte und von seiner Sehnsucht und seinen Seufzern mit solchem Uebermuthe und solchen Anmerkungen sprach, daß Eduard darin wiederum allerlei Spott auf sich erkannte. Der Brief war an Emma gerichtet, der Capitän hatte ihn jedoch laut gelesen und herzlich darüber gelacht, bis ihn Emma nahm, in die Tasche steckte und hinausging. Was Halbart Mare darauf zu seinem Verwandten äußerte, machte diesem keine geringe Pein. Er sprach voller Lob über Grimmur und obwohl er nicht gerade heraus sagte, was er erwartete, so war es doch klar genug zu merken. Der Hof von Skalden lag jenseit des Fjord und war ein großes Gut durch Alles, was dazu gehörte. Der junge Gaardherr hatte in diesem Jahre gebaut und aus Bergen viele neue Geräthe mitgebracht, neue Tapeten für seine Gemächer, Teppiche und Polster, was er sonst nimmer gethan.

„Er hält sein Geld fest," sagte Halbart Mare, „gibt wenig auf kostspieligen Tand, ist so recht noch von der alten festen Art, die immer seltener wird, aber keiner steht so fest auf seinen Beinen und hält den Kopf so frei in die Luft. Es ist edel Blut in ihm und es gibt keinen Hof in Sogne, wo ihn die Mädchen nicht gerne kommen sähen. Denn nicht allein, daß mehr Silber in seiner Tasche klappert als bei den Meisten, kann sich auch Keiner mit ihm in dem messen, was Weibern zumeist gefällt. Ist der schmuckste Bursch im Lande und der klügste dazu. Ist es nicht so? Emma muß ihm antworten, denke, es wird ihr nicht sauer werden. Meinst Du nicht,

Vetter, er gefällt Dir auch? Müssen zusammen nächstens einen frohen Tag haben. Meinst Du nicht?"

Eduard suchte sich zu helfen, wie es ging, aber sein Gemüth wurde dadurch noch mehr beschwert. Saß Emma Mare jetzt bei ihrem Lichte, um den lockenden Brief zu schreiben, den ihr Vater forderte? Sann sie darüber nach, während er nach ihrem Fenster hinaufstarrte? — Am nächsten Morgen schrieb er selbst an seine Mutter, so kühl als möglich, um sie darauf vorzubereiten, ihn bald zurückkehren zu sehen. Er erzählte von Emma, von ihrem Vater, und von seinem freundlichen Empfange so viel als nöthig und in solchen Wendungen, daß die scharfblickende Mutter leicht merken konnte, warum er in einigen Wochen spätestens den Hof von Eide verlassen wollte. Darauf erwähnte er auch mit einigen Worten den jungen Grimmur Skalden, und daß dieser ein vertrauter und gern gesehener Freund des Hauses sei. Wenn dieser Brief aber zur Post sollte, mußte er so lange liegen bleiben, bis sich eine Gelegenheit fand, oder wenn er diese nicht erwarten wollte, mußte er drei gute Stunden am Fjord hinab nach einem andern Hofe geschafft werden, von wo aus er nach Solvorn hinüber auf die dortige Poststation gelangen konnte. Eduard machte gern selbst den kleinen Ausflug, darum schlug er es jetzt aus, einen Boten abzusenden, auch schlug er ein Pferd aus, das man von den Weiden herunter holen wollte, wo nach nordischer Sitte der gesammte Viehstand des Gutes seine Sommerlust feierte, endlich schlug er auch ein Boot aus, um den Fjord hinabzufahren. Es gab einen Pfad, der über die Felsen und Klippen am Meeresarm hinlief und obwohl beschwerlich, doch auch anziehend genug für einen jungen Romantiker war, der nichts zu versäumen hatte. Der Capitän billigte sein Vorhaben und bedauerte, nicht mitziehen zu können, Emma blieb bei ihrem gleichgültigen Verhalten und als er am frühen Morgen sich aufmachte, lag der Gaard noch im tiefen Schlaf, keine Stimme, die ihm mit einem frohen: Glück auf Deinen Weg! das Geleite gab.

Er hätte am liebsten gar nicht wieder zurückkehren mögen, so lastete die Verstimmung auf seinem Gemüth, aber der Morgen kam sonnigklar, die Nebel verschwanden, das Wetter besserte sich und die Jugend hat meist immer Muth genug, um vom Augenblick zu leben. Bald regte sich auch der Künstler in ihm und was er sah, beschäftigte seine Seele. Da kamen die Wasser rauschend von den Bergen nieder, da gab es manchen prächtigen Anblick in geheimnißvolle finstere Felsenspalten oder in liebliche Gründe neben ungeheuren Felspyramiden oder ein Thal that sich auf, wo man, wie Grimmur es nannte, Idyllen träumen konnte. Es war daher nicht zu verwundern, daß Eduard häufig rastete und mehr als einmal sein Skizzenbuch bereicherte. Es wurde Mittag ehe er den Hof erreichte, wo er seinen Brief befördern konnte und die Sonne stand über Justedals Eishörnern, als er den Rückweg antrat. Da er aber immer noch Zeit genug zu haben meinte, war er nicht eilig und um so weniger strengte er seine Schritte an, je mehr er sich dem Gaard von Eide näherte.

Wer frägt dort viel nach mir, sagte er sich selbst, wer hat Freude an meinem Kommen! Er warf sich unter einem Baum auf einer Klippe am Fjord nieder, widerwilliger Trotz und Spott stritten in ihm. Er mochte gar nicht an Emma denken und doch konnte er die Gedanken nicht los werden. Einen Augenblick lang an jenem Wasserfall hatte sie sich vergessen, als seine Schmeichelworte ihr die alten Gefühle aufweckten, aber es war eben nur ein Augenblick gewesen. Ein Laut in ihrer Nähe reichte hin, ihre Einbildung zu vernichten. Sie glaubte Grimmur's Lachen zu hören und das war genug, um sein Wort zu fordern, nie wieder so zu ihr zu sprechen. Warum sollte sie auch den reichen Gaardherrn von richtigem Sogneblut nicht lieben. War er nicht ein begehrlicher Bissen, nach dem alle Mädchen zehn Meilen in der Runde schnappten und war's nicht ein Kitzel für jeden Hochmuth, von ihm gewählt zu sein? Er lachte verächtlich auf, stützte sich auf seinen Arm und riß die Grashalme aus den Fugen des Gesteins, um sie zu zerstücken und von sich zu schleudern, als er aber aufsprang, war die Sonne hinter den Jötunfjellen und über den Fjord breiteten sich dämmernde Abendnebel aus.

Jetzt erst wurden seine Schritte länger, allein in diesen tiefen Felsspalten, die das Meer ausgewühlt hat, kommt die Finsterniß schnell und so war es völlig dunkel geworden, als er endlich die Terrassen und Gartenanlagen seines Vetters erreichte und die Stufen emporstieg, welche ihn in den Hauptgang und zu dem Platze führen sollten, auf welchen das Haus stand. Doch schon nach wenigen Schritten stand er still, denn vor sich erblickte er eine Gestalt und bei der ersten Frage antwortete ihm Emma's Stimme.

„Sie sind es, Emma?" sagte er, indem ihm das Herz schlug.

„Gott sei Dank! Vetter Eduard," erwiederte sie, „daß Sie hier sind, ich — wir — mein Vater, wir waren in Angst um Sie, denn wie leicht konnten Sie in der Dunkelheit Unglück haben."

„Ich finde," antwortete er lebhaft ihre Hand drückend, „daß ich in der Dunkelheit glücklicher bin als beim Sonnenschein. Haben Sie mich erwartet, Emma?"

„Ich wollte sehen, ob Sie nicht in der Nähe wären," sagte Emma Mare stockend, „und dann — dann wollte ich Ihnen mittheilen, daß" — in dem Augenblick fühlte Eduard, daß ihre Hand stärker zitterte und krampfhaft sich zusammenzog, indem sie ihn festhielt.

Sie standen an den letzten Stufen; über ihnen in dem Hauptwege unter den Bäumen wurde gesprochen und Schritte näherten sich. Kein Zweifel, daß Grimmur Skalden der Sprecher war.

„Und das ist Alles wahr, was Du mir sagst?" fragte der Capitän, der neben ihm ging, rauh und laut.

„So wahr, daß meine Augen es bezeugen können, die sich so leicht nicht betrügen lassen."

„Er küßte sie, und sie litt es?"

„Sie litt es, bis ich hinter dem Steine, wo ich lag, zu lachen anfing. Das hörte sie und sprang auf."

„Ich will ein Wort mit ihr reden," sagte Halbart Mare, indem er mit seinem Stock auf einen Stein stieß, der am Wege lag, daß der Eisenstachel Funken schlug.

„Das wirst Du nicht thun, Capitän," erwiederte Grimmur.

„Wie, zum Teufel! Ist es möglich, daß sie mit dem Milchgesicht solche Dinge treiben kann?"

„Bah!" lachte Grimmur, „ich habe es geahnet, lange bevor dieser süße Vetter mit seinem Pinselkasten hier ankam. Als der Brief eintraf, der seinen Besuch ankündigte, war ich zugegen, und ich sah etwas in ihrem Gesicht, was wohl zu deuten ist, wenn man die Mädchen kennt. Es war eine Freude und eine Unruhe in ihm, die aus dem Herzen kam. In allen Winkeln wurde es drinnen lebendig."

„Weiß wohl, Du hast darüber gespottet," erwiederte Halbart Mare, „und was ich meinte und dachte, weiß sie auch. Verdammt sei der Bursch und sein Besuch! Verdammt, daß sie jemals nach Christiania geschickt wurde. Hat dort nichts gelernt, als Leichtsinn und Thorheit."

„Schilt nicht über Dinge, die nicht zu ändern sind," sagte Grimmur. „Es lag wohl in den Absichten der Mütter, aus ihren Kindern einmal ein Paar zu machen. Hat Falkland nicht Vermögen?"

„Hol' der Henker sein Geld!" rief Mare zornig, „was soll ich mit einem Maler machen."

„Wenn Du auch nicht weißt, was Du mit ihm machen sollst," spottete Grimmur, „Jungfrau Emma wird nicht darum verlegen sein."

„Sie soll nicht! Bei Gott's Donner! ich will's ihr austreiben."

„Stille! stille!" sagte Grimmur, „schrei es nicht aus. Wo ist Emma geblieben?"

„Sie wird nach Küche und Haus sehen, dahin gehört sie, nicht an eines Malers Seite. Verdammt sei alle Malerei! Fort soll er; morgen soll er fort!"

„Das wäre das Allerschlimmste, was Du thun könntest, Capitän," sagte Grimmur gelassen. „Du darfst kein Aufsehen machen. Der Bursch muß bleiben, bis er von selbst sein Packen schnürt."

„Vielleicht bricht er sich heute Abend noch den Hals," murmelte Halbart Mare.

„Verloren wäre nichts daran," lachte Grimmur, „aber ist es nicht heut', kann's ein ander Mal geschehen. Du mußt Dich in Nichts mischen, Capitän, mußt nichts sehen, nichts merken. Deiner Tochter Herz hängt an diesem Manne, daran ist nicht zu zweifeln, laß uns versuchen, ob es nicht zu ändern ist."

Es entstand ein Schweigen, dann sagte Halbart Mare halb laut: „Und hast Du ihr nichts zu sagen, Grimmur Skalden, hast Du mir nichts zu sagen? Sprich, wenn es so ist."

„Nicht jetzt," erwiederte Grimmur, und im stolzen Tone fügte er hinzu: „Gezwungen soll kein Weib mir in mein Haus folgen. Ich könnte einen Gang um Leben und Tod ihretwegen thun, ich könnte ihn zu den Haien dort in den Fjord schleudern, oder mit meinem Messer zur Ruhe bringen, aber Zwang soll ihr nimmer geschehen. Ueberlaß das mir, Capitän, sprich Du kein Wort, laß keine üble Laune merken. Diese Sache ist meine Sache, ich will sie schlichten; dann, wenn es Zeit ist, werde ich mein Wort sprechen. Jetzt laß uns gehen, und wenn der Bursch nicht bald kommt, will ich einen Kienbrand nehmen, und ihn suchen. Er soll sich wundern, wie besorgt ich um sein theueres Leben bin."

Sie verließen den Platz, an welchem sie bisher gestanden, und ihre Geheimnisse denen mitgetheilt hatten, welche zehn Fuß von ihnen entfernt waren. Eduard hielt seine Muhme an sich gedrückt, bis er plötzlich mit sanftem und innigem Ausdruck ihr zuflüsterte: „Liebe, liebe Emma, was habe ich Alles erfahren. Du hast an mich gedacht, Du hast mich geliebt, ja, ich weiß es jetzt gewiß, Grimmur hat Recht. Du liebst mich noch!"

„Ich muß Dich verlassen," erwiederte sie zitternd und sich leise sträubend. „Sie werden mich suchen."

„Wenn sie Dich finden, mag es an meinem Herzen sein!"

„Ach, Eduard!" seufzte sie — „mein Vater!"

„Dein Vater wird sich versöhnen lassen. Hast Du nicht gehört, daß Grimmur es auf sich genommen hat, mich fortzuschaffen? Mag er zusehen, ob es ihm gelingt."

„Hüte Dich vor ihm — hüte Dich!" bat sie ängstlich.

„Er möchte einen Gang auf Tod und Leben machen," fuhr er fort, während sein Blut glühte. „Dabei kann er mich finden."

„Nein, nein!" rief sie, und ihre Arme um seinen Hals schlingend, fügte sie zitternd hinzu: „Wage es nicht, ich würde vergehen müssen. Kein Mann ist im Lande, der sich mit Grimmur messen kann."

„Sorge nicht," erwiederte er, entzückt von dem Beweise ihrer Zärtlichkeit, „ich denke mich vor ihm zu hüten."

„Emma!" rief Halbart Mare von der Thür seines Hauses, und ein Kuß brannte auf Eduard's Lippen. „Sei klug, sei treu," flüsterte sie, und er stand allein. Unhörbar leise eilte sie durch den Baumweg und verschwand darin.

Nach einiger Zeit flammte helles Licht auf, das den ganzen Vorplatz überstrahlte. Grimmur Skalden kam mit einem langen, brennenden Kienspahn, und jetzt hielt es Eduard für gerathen, die Stufen herauf und ihm entgegen zu gehen.

„Holla!" schrie Grimmur, als er ihn erblickte, „da ist der verlorene Vetter, so hat denn alle Noth ein Ende. Dem Capitän ist die Pfeife ausgegangen und Fräulein Emma salzt mit ihren Thränen den Eierkuchen. Herein, mein junger Herr, schnell herein. Was ist das für Sitte? Der Eine glaubte, ein Bär hätte Euch verschluckt, der Andere, ein Grundhai im Fjord sei daran satt geworden, oder auf irgend einer Klippe befänden sich Euere zerschmetterten Gebeine."

„Keines von Allem, Herr Grimmur," lachte Eduard, „auch habe ich nicht die geringste Lust dazu, mich zerschmettern oder verschlucken zu lassen."

„So lange Ihr dergleichen unangenehme Dinge verhindern könnt, thut Ihr sehr wohl daran," erwiederte Skalden; „doch jetzt kommt zu Euren Verwandten, die in großen Sorgen sind und mich fortschickten, nach Euch zu suchen, wie Saul geschickt wurde nach seines Vaters Eselin."

Halbart Mure erschien eben an der Thür, und bei seinen Warnungen und besorgten Vorwürfen dachte Eduard daran, wie aufrichtig dieser gütige Vetter wenige Minuten vorher gewünscht hatte, daß er sich den Hals brechen möge; aber er war innerlich erwärmt genug, um für alle Zeichen freundschaftlicher Fürsorge von Herzen zu danken. Auch Emma kam herbei und sie wechselten einige Grüße und Worte so unbefangen und mit solcher Selbstbeherrschung, daß die spähenden Blicke des Capitäns und Grimmur's nichts zu entdecken vermochten. Dann ging es an's Erzählen; Eduard kramte alle seine kleinen Erlebnisse aus, zeigte seine Skizzen, die ihn so lange aufgehalten und Grimmur lobte, erklärte und fragte, bis er endlich das Buch auf den Tisch warf. „Was ist das Alles gegen die Scenerie im Hochgebirge!" rief er aus, Füße und Arme kreuzend. „Ich habe es Ihnen versprochen, Herr Falkland, mit Ihnen hinauf zu steigen, und bin gekommen, mein Wort zu halten. Ich muß nach meinen Weiden sehen, wollen Sie mich begleiten?"

Eduard sagte es gern zu.

„So wollen wir uns morgen früh aufmachen, und wenn das Wetter gut bleibt, durchstreifen wir die Fortunfjellen bis zu den Glittertinden. Mancherlei gibt es da zu schauen, auch kann es sein, daß, wenn wir Glück haben, ein Bär uns in den Weg läuft, oder ein paar Tausend wilde Reunthiere, deren Heerden jetzt aus dem Süden zurückkommen."

Das waren frohe Aussichten, welche viel zu sprechen und zu scherzen gaben. Halbart Mare erzählte Jagdgeschichten und manche waren darunter, die nicht besonders verlockend klangen. Da gab es kühne Jäger, welche niemals wiederkehrten, andere, deren zerfleischte Ueberreste man nach langem Suchen gefunden hatte, wieder andere, die in Schnee und Eisspalten versanken, oder in den unermeßlichen Einöden sich verirrt hatten und dort umkamen. „Aber von dem Allem hast Du nichts zu fürchten," schloß der Capitän seine Mittheilungen, „denn wenn Grimmur Skalden bei Dir ist, bist Du so sicher, wie ein Mensch auf Klippen und Gletschern immer sein kann. Jetzt setzt Euch an den Tisch und trinkt ein Glas auf gutes Glück"

Das geschah nach des Capitäns Geboten und dem ersten Glase folgte eine Reihe anderer nach, bis es endlich spät geworden war, und Halbart Mare in seinem Stuhle einnickte. Emma hatte sich längst entfernt. Eduard hatte sich überwunden, sie den ganzen Tag über kaum anzublicken.

V.

Grimmur Skalden schlief mit seinem Nebenbuhler in dem Fremdenhause des Gaards und in demselben Gastzimmer, was Eduard unbehaglich genug deuchte. Denn er fühlte seine freundliche Gesinnung gegen den Mann keineswegs vermehrt, von dem er wußte, was er von ihm zu erwarten hatte. Aber es gab kein anderes

Obdach für fremde Gäste im Hof von Eide und Grimmur warf sich ohne Umstände in eins der Betten, neben welchem sein Jagdsack lag und sein langes Gewehr an der Wand hing. Er war auch freundlich und gesprächig, hatte mancherlei noch zu erzählen von der Wanderung, die sie beide morgen machen würden, spottete dabei über des Capitäns schaurige Geschichten und scherzte und lachte, bis er endlich einschlief. Wie aber sein Mund verstummte, öffneten sich um so unruhiger Eduard's Augen und Ohren. Er konnte nicht einschlafen über der Unruhe in seinem Kopf, immer wieder mußte er an das Erlebte denken und was nun folgen werde, sich vorstellen. Die Hoffnungen seiner Liebe stritten sich in ihm mit den Gefahren und Sorgen, welche diese begleiteten und sie zeigten sich ihm in den verschiedensten Gestalten. Er konnte nirgend einen Schluß finden, nirgend waren seine Erwartungen größer als seine Zweifel, denn verbergen konnte er sich nicht, daß die Erfüllung seiner Wünsche mächtige Hindernisse fand. Halbart Mare hatte sich nicht denken können, daß Emma's Herz nicht an dem reichen, stolzen Grimmur hinge, die Blüthe und Krone der männlichen Jugend am Lysterfjord, auf seine Nachgiebigkeit war somit wenig zu rechnen; dennoch kam es Eduard immer noch vor, als wäre eher mit ihm fertig zu werden, als mit diesem übermüthigen, verschlagenen Mann, der gelobt hatte, ihn aus dem Gaard zu vertreiben und die Sache in seiner Weise zu Ende zu bringen. Die Furcht überschlich ihn, welche alles Ungewisse begleitet. Grimmur hatte gesprochen, als sei sein Plan schon fertig, und was wollte er thun? War es seine Absicht, ihn in die wüsten Hochgebirge zu führen, um dort ihm Unglück zu bereiten? Er erinnerte sich der Worte, welche er gehört, und ein so trotziger, auf seine Kraft und Stärke pochender Mann, in diesem Landestheil zumal, wo die Menschen weit zertrennt und einsam wohnen und auf viele Meilen kein Richter und kein Recht zu finden sind, konnte wohl Dinge im Sinne haben, die seinen blutigen Reden entsprachen und dabei gewiß sein, sie unbestraft begehen zu können. Diese Vorstellungen erhitzten Eduard Falkland's Blut so sehr, daß er eine Zeit lang Grimmur's tiefe und ruhige Athemzüge für Verstellung hielt und aufmerksam lauschte, ob er nicht etwa plötzlich aufspringen und eine gefährliche Absicht ausführen werde. Solche

Einbildungen verwarf er zwar bald genug, aber er beschäftigte sich mit ihnen doch so lange, bis er endlich darüber einschlief und nicht eher wieder aufwachte, bis er sich an der Schulter gepackt und geschüttelt fühlte.

Erschrocken fuhr er auf und stierte Grimmur an, der halb angekleidet an seinem Lager stand und laut zu lachen begann. „Meiner Treu, Herr Falkland", sagte er, „Sie haben einen festen Schlaf, man könnte Sie forttragen. Auf Deine Beine, Mann! wir müssen Fortundahlen hinauf, ehe die Sonne kommt! oder haben Sie die Lust verloren, weil das Bett nicht mitgehen will!"

Bei dieser Spötterei fuhr Eduard rasch in seine Kleider. „Sie sollen sich ferner nicht über meine Lässigkeit beschweren", sagte er, „ich werde mein Bestes thun, Ihr Lob zu verdienen."

Und dies geschah in Wahrheit, denn behend wie er war, stand Falkland in demselben Augenblick fertig, wo Grimmur sein sognisch Jagdmesser umschnallte und die schwere Büchse von der Wand nahm.

„Sie sind in der That ein flinker Bursch", sagte er, „ich denke, wir werden gute Kameraden sein. Doch jetzt vorwärts, Herr Falkland, wir wollen weder Fräulein Emma's süße Morgenträume noch das gemüthliche Schnarchen des Capitäns stören.

Schweigend gingen sie unter dem Gaardhause hin, in welchem noch die tiefste Ruhe zu herrschen schien. Aber als sie den Steig betreten wollten, welcher an der Bergwand aufschlängelte, hörte Eduard Schritte hinter sich. Die alte Hausmagd lief mit einem Päckchen herbei, das einige Vorräthe zum Frühstück enthielt. Dabei hatte der Capitän eine Flasche alten Madeira mitgeschickt, den Grimmur Skalden vergnüglich einsteckte. Als Eduard das Päckchen Speisen in Empfang nahm, fühlte er, daß die alte Kari ihm zugleich ein Zettelchen in die Hände drückte, und sein Herz sagte ihm sogleich, von wem es komme. Er verbarg es unbemerkt und Kari kehrte mit Dankaufträgen und Abschiedsgrüßen zurück. Nachdem er ein Stückchen weiter gegangen war, wandte Eduard sich um und sah, wie hinter einem der oberen geöffneten Fenster Emma stand, die, ihre Hände gefaltet, ihm nachblickte und sie dann warnend oder bittend erhob und nach ihm ausstreckte. Er schwenkte seinen Hut durch die Luft und folgte dann Grimmur, der ein Lied pfiff, während hinter seinem Rücken diese stumme Abschiedsscene aufgeführt wurde.

Die beiden rüstigen Jünglinge hatten bald die erste Höhe erreicht und wanderten nun durch das Waldgebiet des Hofes von Eide in den goldigen Morgen hinein, der sich über die ungeheuren Tinden und Gletscher der Jötunfjellen zu verbreiten begann, welche jenseit des Lysterfjord aus den Nebeln traten. Auch der dampfende Fjord schüttelte seine Nachtmäntel ab und seine Wasser blitzten herauf. Je höher sie stiegen, um so weiter dehnte sich das Panorama aus, um so heller und durchsichtiger wurde die Luft und um so erquicklicher drang ihr frischer Strom durch die Augen in's Herz, weckte den frischen Lebensmuth auf und verblaßte die Sorgen. Es gehörte dies und tüchtige Ausdauer dazu, um Grimmur's elastischen Schritten zu folgen, der so sicher daher schritt, als gehe er auf gehobeltem Fußboden. Sein kräftiger Körper schien von der Beschwerlichkeit des Steigens nichts zu fühlen und so leicht und geschmeidig zu sein, als wäre er aus Springfedern gemacht. Eduard Falkland mußte ihn bewundern, da er selbst doch nicht ohne ungemeine Kraft und Gelenkigkeit war. Stattlich sah es aus, und ein ritterlicher, romantischer Anstrich war darin, wie Grimmur vor ihm her schritt. Sein grauer kurzer Jagdrock war mit grünen Schnüren besetzt, wie dies häufig im Hardanger und im Sogneland getragen wird, an seinem grauen, breitkrämpigen Hut steckte ein Büschel weißer Blumen, die der Wind jagte, der mit seinen schwarzen glänzenden Haaren spielte. Um den Leib trug er einen breiten grün gestickten Gurt, an welchem sein Messer in der Lederscheide hing, denn solch ein Messer und solcher Gurt gehören zu jedes Mannes Anzug und die Weiber sind oft kunstfertig genug, um das Leder mit allerlei Arabesken und Blättergewinden zu verzieren. Die schwere Büchse auf seiner Schulter und der Jagdsack an seiner Seite vollendeten das Bild des nordischen Jägers, der in den Hochfjeldern noch einen langen Hirtenstab hinzufügt, welcher beim Klimmen und Hinabgleiten an jähen Klippenwänden ihm gute Dienste leistet.

Als Grimmur Skalden jetzt den Grat der Bergwand erreicht hatte, stand er still und erwartete seinen Gefährten. „Nun," rief er ihm entgegen, „es geht gut genug mit Ihnen, Herr Falkland, und hier ist ein Ort, wo wir den Schweiß trocknen können. Wie gefällt Ihnen der Platz?" Eduard schaute entzückt hinunter. Da lag der Fjord in der Tiefe wie ein schmales Silberband, von ungeheuren Felsenmassen eingerahmt, an denen große und kleine Hütten mit ihren Feldern und Auen festklebten, wie leuchtende grüne Flecke. Landeinwärts aber, dicht zu seinen Füßen, zog ein prächtiges Thal, das wie ein Smaragd in der sonnebeglänzten Fassung von Glimmer lag, bis hinauf zu hohen, wilden Fjellen, die in tiefer Ferne ihre Häupter mit Wolken umwickelten. Ein breiter Bach schoß mitten durch diese reizvolle Landschaft und bildete eine ganze Reihe Wasserfälle, bis er den Fjord erreichte. Das Thal mit seinen Auen, seinen Erndtefeldern und Bäumen, seinen Höfen am Rande des Baches und an den Höhen, sah so zierlich aus, wie von eines Künstlers Hand geschnitzt, und die Sonnenblitze, welche darüber hinflogen und ein wunderbares Gemisch von Licht und Schatten bereiteten, vollendeten das Ueberraschende und Paradiesische des Anblicks.

Eduard war lebhaft ergriffen davon, Grimmur aber sagte lachend: „Ich konnt' es wohl denken, daß Sie dabei schwärmen würden. Das ist das Fortunthal und der Bach die Fortunelf. Es muß wirklich schön sein, denn selbst unsre Hirten empfinden etwas dabei, wenn sie hier oben stehen und wie in in die Zauberlaterne eines Magiers blicken. Aber schöpfen Sie jetzt langen Athem, Herr Falkland, und stehen Sie fest auf Ihren Beinen, denn nun gibt's ein hartes Steigen, bei dem wir sehen wollen, was Sie aushalten können. Was Sie bisher gethan, war doch nichts als Spielerei, die Jungfrau Emma auch zu Stande bringt.

Damit ging er weiter und Eduard wurde bald gewahr, daß seine Ankündigungen nicht eitles Drohen oder Prahlen sein sollten. Eine unermeßliche schwarze Felsenwand schien alles Leben zu beenden, keine Spur eines Steiges ließ sich daran erkennen, wer sollte da hinauf! Er mochte nicht fragen, denn er fürchtete Grimmur's Spott; dieser schritt gerade darauf los und bald sah Eduard Falkland, daß allerdings eine Art Pfad daran in die Höhe führte, aber was war es für einer! Hirten und Jäger mochten ihn aus den Vorsprüngen und Kanten des Bergstocks aufgefunden haben und die Hirten und Jäger dieser Gebirge auch allein im Stande sein, ihn zu benutzen.

Irgend ein Wagehals hatte ihn zuerst betreten und Andere ihm es dann nachgemacht. Kaum fußbreit hing er an einzelnen Stellen über dem Abgrund und das Auge irrte in eine schaurige Tiefe nieder, wo die Fortunkirche ihr Kreuz als Gotteszeichen mitleidig ausstreckte. Wer irgend zum Schwindel geneigt war, konnte hier nicht gehen; bang fühlte Eduard sein Herz klopfen, denn Grimmur schien seine Schritte zu verdoppeln. Er tanzte gleichsam vor ihm her, als sei es ihm eine Lust, und mit keinem Blicke sah er sich nach seinem Gefährten um, mit keinem Worte des Trostes suchte er ihn zu ermuntern.

Nach einer Reihe zackiger Wendungen des Pfades wurde dieser endlich etwas breiter und bequemer, und vor den Wanderern dehnte sich eine weite zerklüftete Fläche aus, von welcher da und dort ein paar Hütten hervorschauten, deren niedere Dächer mit Erde überschüttet waren.

Hier endlich stand Grimmur still und seine funkelnden Augen betrachteten den keuchenden Kameraden, dessen Brust sich heftig hob und dessen Knie zitterten, während er selbst seinen Athem nicht im Geringsten verloren hatte.

„Sagt' ich es Ihnen nicht, daß Sie zu thun haben würden", rief er aus. „Es geht hier anders her wie bei einer Promenade auf dem Eggeberg bei Christiania. Ist es nicht so?"

„Es ist ein fürchterlicher Weg", erwiederte Eduard.

„Bah! was nennen Sie fürchterlich, was glauben Sie für Wunder gethan zu haben? Die Setermädchen kommen von unsern Weiden mit ihren schweren Körben auf den Köpfen alle hier auf dem Fortunensteig herunter, obwohl es einen bequemern Weg für Pferde und Menschen gibt, was ich nicht leugnen will."

„Warum haben wir diesen nicht gewählt?" Herr Skalden.

„Warum nicht? Weil wir in's Fortunthal dann hinabsteigen und einen weiten Umweg machen mußten. Daran bin ich nicht gewöhnt, Herr Falkland, und da Sie die Tinden der Fortunfjellen besuchen wollen, mußt' ich sehen, ob Sie auch nicht an Schwindel leiden."

Ein Verdacht glitt durch Eduard's Kopf und rief einen Strom von Zorn in ihm hervor, der sich in seine Augen drängte, als er diese auf Grimmur festheftete, allein der athletische Mann schien es nicht zu beachten.

„Sie sind hier in dem Vorhofe der Eis- und Felsgipfel, welche die Horungerne heißen," sagte er, auf das Amphitheater von hohen, narbigen Mauern deutend, die im weiten Halbkreis nackt und zerklüftet die Fläche einschlossen. „Dorthin gehen wir heut' noch nicht, sondern, wenn es Ihnen gefällig ist, begleiten Sie mich zunächst zu meinen Weiden und Sennhütten, damit ich sehe, wie es mit meiner Heerde steht. Im Uebrigen," fügte er hinzu, „dürfte Ihnen das Hirtenleben auf unsern Alpen auch ziemlich unbekannt sein und Ihre Neugier rege machen; endlich aber finden wir dort ein Obdach für die Nacht, Milch, und was die Milchwirthschaft gibt, in Fülle: jedenfalls also ist es behaglicher dort, als in der Wüste, welche Sie morgen kennen lernen werden. Und nun lassen Sie uns hier ruhen und untersuchen, was Jungfrau Emma uns nachgeschickt hat," fuhr er auflachend fort, „Sie werden, w i e ich denke, längst sehnsüchtig Verlangen danach tragen." Und ohne eine Antwort abzuwarten, warf er den Jagdsack auf den einzigen, kleinen mit Gras und Halmen überwucherten Fleck, welcher sich im Schutze eines mächtigen Glimmerblocks gebildet hatte und streckte sich daneben aus. In einem Nu waren alle Anstalten zu einem paradiesischen Mahle getroffen, die Flasche mit dem alten Madeira des Capitäns geöffnet und die einladenden Fleisch- und Brotvorräthe von aller Hülle entkleidet. Grimmur zog das scharfe, an der Spitze doppelschneidige Messer aus seiner Lederscheide, zerlegte damit, was vorhanden war, und that seiner Eßlust keinen Zwang an. „Essen Sie tapfer darauf los, Herr Falkland," sagte er, „und spülen Sie die Reste mit Ihres Vetters gutem Trunk hinunter. Wir haben noch zwei tüchtige Stunden vor uns, ehe wir die Sennhütten finden, und wer weiß, ob Signa uns alsbald Etwas vorsetzen kann."

Diese Ermunterung gab Eduard Gelegenheit, nach der hübschen Sennerin zu fragen, wobei er unbedenklich erzählte, wo er mit ihr zusammengetroffen sei, aber er erfuhr von Grimmur nicht viel mehr, als er schon wußte. Es kam ihm vor, als wollte dieser nichts von seiner schönen Hausmeisterin hören, und als wollte er auch nicht von ihr sprechen. Nach einigen gleichgültigen, kurzen Antworten warf er sich auf den Rücken, schlug die Hände über seinem Kopf zusammen und sah in den Himmel hinauf, ohne weiter auf Eduards Fragen zu achten, der somit schweigen mußte. Dafür stützte sich Falkland auf seinen Arm und dachte sein Theil. Es kam ihm Manches in den Sinn, was er sich zusammensetzte und eine ganze Geschichte daraus machte. Die junge Seterin mit den blauen Augen und der kühnen Furchtlosigkeit ihres Wesens war schwerlich immer ein so gleichgültiger Gegenstand für Grimmur Skalden gewesen, wie er jetzt sich den Anschein gab. Eduard hatte das Mädchen von Grimmur in einem Tone und mit einem Ausdrucke sprechen hören, daß sich Manches daran knüpfen ließ. „Deine Hand ist zu weich für Grimmur, glaub's mir, ich kenne ihn," hatte sie zu Emma gesagt; das fiel ihm jetzt wieder ein, und es fiel ihm ein, daß ihre Blicke dabei eigenthümlich funkelten. Ihre Hände waren allerdings härter, und meinte sie, daß diese dazu gehörten, um einen so ungestümen und unbändigen Mann zu gewinnen? Wollte sie Emma warnen oder ihr zu verstehen geben mit jenem scharfen „ich kenne ihn", daß sie selbst bessere Ansprüche zu machen habe? Er warf einen Seitenblick auf Gremmur, der noch immer in seiner Lage verharrte und wahrscheinlich eingeschlafen war, dann griff er leise in seine Tasche und holte den Zettel heraus, den die alte Kari ihm zugesteckt hatte. Noch war es ihm unmöglich gewesen, ihn unbemerkt zu lesen. Von Emma's Hand war mit Bleistift darauf geschrieben: „Sei auf Deiner Hut, geliebter Eduard! Grimmur führt Böses gegen Dich im Schilde, mir sagt es mein Herz. Gott beschütze Dich und helfe uns Beiden!"

Indem er diesen Zettel betrachtete, hörte er ein leises Geräusch hinter sich. Grimmur stand auf seinen Beinen, eilig drückte Eduard das Papier in seiner Hand zusammen.

„Wir wollen weiter gehen, wenn es Ihnen beliebt, Herr Falkland," sagte Grimmur. „Das Weidegebiet und die Seterinnen darin werden Ihnen mehr Vergnügen machen, als diese Rast auf hartem Stein."

„Wahrscheinlich doch," antwortete Eduard, „sprechen Sie aus Erfahrung, Herr Skalden, da Sie mit so manchem hübschen Sennermädchen bekannt sind und die Schönste von Allen von früh auf Ihre Hausgenossin war."

„Sind Sie schon wieder mit Ihren Gedanken und Worten bei Signa," lachte Grimmur. „Ich hätte nicht geglaubt, daß Ihr Herz so empfänglich und begehrlich sei. Doch nehmen Sie sich in Acht, Herr, mit diesen Mädchen ist nicht zu spaßen. Manche unter ihnen sind freilich so leichtfertig, wie man es wünschen kann, Andere dagegen bleiben unerbittlich und sind so streng und so tugendhaft wie Nonnen."

„Man hat mir gesagt, daß diese Hirtenmädchen sehr treu sind," erwiederte Eduard.

„Treu? Alle Mädchen sind treu, wenn sie lieben."

„Aber diese sollen mit äußerster Hingebung lieben, und ich habe rührende Beispiele erzählen hören, wie sie wohlhabende Freier abweisen, wenn ein Armer von ihnen geliebt wird."

„Solche Närrinnen mögen vorkommen," sagte Grimmur, „aber die Klugen verstehen überall ihren Vortheil, und Geld, Herr Falkland, Geld ist am Lysterfjord wie überall auf Erden, der Magnet, der Alles anzieht."

„Aber es gibt immer und überall doch Einige, die weder um Geld ihre Liebe verkaufen mögen, noch sich von andern prächtigen Eigenschaften blenden lassen."

„Die sich an Phantasten und Schwachköpfe hängen!" rief Grimmur mit einem wilden Gelächter.

„Richtig, Herr Skalden; auch das kommt eben so gut vor, wie manche andere Fälle, wo die sich am klügsten und stolzesten Dünkenden von dem Einfältigsten besiegt werden."

Grimmur wandte sich um, sein Gesicht war so dunkel, wie eine Wetterwolke, die sich entladen will, aber nach einem Augenblick schüttelte er sein schwarzes Haar und nahm den alten Ausdruck von Spötterei an. „Wenn der Einfältige so klug ist, den Klugen zu besiegen," sagte er, „so mögen Beide die Titel wechseln, aber lassen Sie uns jetzt nicht mit solchen Wortgefechten die Zeit verderben. Hier geht es in's Weidland hinein, alles Andere wird sich später finden."

Er schritt einer der Felsspalten zu, welche die Thore in dieser Felsenburg vorstellten und durch welche ein wild schäumender Bach in seinem tiefen Bett brauste. Nach einiger Zeit wurden die düstern Mauern zu beiden Seiten niedriger, denn der Pfad führte ziemlich steil bergan und endlich öffnete er sich und vor ihnen lag nun ein weites, zerklüftetes Hochfeld des Gebirgs, mit Moos und mit Gras flächen überwachsen, die von zwergartigen, dichten Birkenbüschen unterbrochen wurden. Da und dort sammelten sich die Wasser in kleineren und größeren Becken und von den Höhen herab liefen viele kleine Gerinne plätschernd und murmelnd durch das gebrochene Land. Es sah viel leichter aus, hier vorwärts zu kommen, als es in der That der Fall war. Die Birkenbüsche von Mannshöhe, mit zahllosen scharfspitzigen Aesten und Zweigen in einander gedrängt, bildeten oft undurchdringliche Geflechte, welche umgangen werden mußten, und Grimmur versicherte, daß diese Birkenregion, welche den letzten Baumwuchs auf den nordischen Alpen enthalte, die aller fatalste und gefürchtetste sei. Haut und Haare gingen meist daran verloren, und selbst das Vieh scheue sich vor diesen mäandrischen Gewinden. Allein es waren nicht allein diese Büsche, welche den Weg beschwerten, der Boden selbst, mit Sumpf durchzogen, wie fast auf allen diesen Hochebenen, enthielt zwischen den Grasbüscheln tiefe Löcher, in welche der strauchelnde Fuß zuweilen in schwarzes Wasser stürzte, oder von scharfem Gestein abglitt. Bald war Eduard erhitzt und ermattet, denn jetzt war es Mittag geworden, die Sonne brannte glühend herunter und immer noch ließen sich weder Vieh noch Sennhütten sehen. Es war ihm zuweilen, als müßte er stehen bleiben und sich erholen; aber wo war Erholung zu finden? Grimmur Skalden sah sich einige Male nach ihm um und schien dann um so flüchtiger über das Sumpfland zu gleiten. „Hollah!" schrie er zurück, „gehen die Kräfte Euch schon aus, junger Herr? Was soll das werden, wenn wir am Fanarrak oder Glittertind die Eisspalten hinauf sollen, um ein Rennthier zu beschleichen? Vorwärts, Herr Falkland, bald wird der Boden besser; hinter den Birken dort sehen wir die Sennhütten."

Durst und Hitze hinderten Eduard zu antworten, was ohnehin nichts helfen konnte. Er strengte sich an, so viel er vermochte, um seinem harten Gefährten nachzufolgen, den er nicht bitten wollte, Nachsicht mit ihm zu haben. Zuweilen bemerkte er, daß Grimmur sich bückte und Etwas abpflückte, und bald ward er inne, daß zahlreiche rothe Beeren an niedern Büschen hier wuchsen, welche den Himbeeren ähnlich sahen. Zugleich fiel ihm ein, daß dies Moorbeeren, oder wie sie in Norwegen heißen, Moltebeeren sein müßten, von deren erfrischendem Geschmack er so viel gehört hatte. Und in der That war es so. Die köstlichen Beeren mit ihrer erfrischenden Säure, das einzige Labsal ermatteter Wanderer in diesen wilden Einöden, stärkten ihn außerordentlich. Seine Schritte wurden schneller, der quälende Durst hörte auf, statt dessen aber fühlte er den heftigsten Unwillen gegen Grimmur, der ihn zwar fortgesetzt zu neuen Anstrengungen angetrieben, aber von der labenden Moltebeere kein Wort gesagt hatte. Grimmur hielt auch nicht eher ein und erwartete ihn, bis Falkland fast mit ihm zugleich den höchsten Theil des Weidegebietes erreichte, wo nun vor ihnen in einiger Entfernung am Rande eines Gesenkes, in welchem ein Bach brauste, drei oder vier Sennhütten lagen.

„Oho!" rief er ihm entgegen, „wie gefällt Ihnen das, Herr Falkland? Sie danken Ihrem Gott, daß er Sie zu keinem Hofbesitzer am Lysterfjord machte; ist es nicht so?"

„Ich könnte vielleicht noch Einer werden, Herr Skalden?"

„Meinen Sie?" lachte Grimmur. „Dann würden Sie oft hier hinauf müssen. Es ist ein hartes Leben, Herr, unpassend zu weichen Händen und Füßen."

„Auch die weichsten Hände können hart werden," antwortete Eduard. „Es kommt Alles darauf an, Herr Skalden, ob man entschlossen ist, Beschwerden und Schwielen nicht zu achten."

„Und Sie sind dazu entschlossen?"

„Das bin ich. Entschlossen, was ich will, auszuführen."

Grimmur's düstre Augen loderten auf, es war ein Blick, in welchem sich Verachtung und Spott mischten; aber Eduard ließ sich dadurch nicht irre machen und mit einer Sicherheit, der es nicht an nachhaltigem Ausdruck fehlte, setzte er hinzu: „Sie werden sehen, Herr Skalden, daß ich nicht so leicht abzufertigen bin, wie Sie es vielleicht erwartet haben."

„Das ist wahr," antwortete Grimmur. „Sie sind von zäherem

Stoff gemacht, als ich dachte. Aber ich vermuthe, er wird dennoch nicht lange mehr vorhalten."

„Woher vermuthen Sie das?"

„Woher? — Sie sollen es bald erfahren. Bei Gott! ich will ein offenes Wort mit Ihnen sprechen. Doch da sind wir bei den Hütten, und somit Friede, Herr. Hollah!" fuhr er laut rufend fort, „ich dachte es wohl, wir werden leere Kammern finden. Sie sind sämmtlich bei den Thieren, aber wir werden darum doch bekommen, was hier zu haben ist, Herr Falkland. Signa hat uns sicher Alles zurückgelassen, was sie besitzt."

Als sie die Sennhütten erreichten, wiederholte Grimmur seinen Ruf, allein es antwortete Niemand. Es waren vier aus Steinen gebaute Hütten, welche beisammen standen, so daß sie beinahe ein Viereck bildeten. Mit Dächern von Balken versehen, auf welchen eine starke Rasenschicht und schwere Steine lagen, war sie von dauerhafter Art und ziemlich geräumig, wenigstens von den größten, die man antrifft. Zahlreiche Spuren des Viehes, das während der Nächte um die Hütten lagert, bekundeten, daß Grimmur Skalden keine geringe Heerde besitzen mußte, und er rühmte sich auch dessen, indem er seine Kühe, Ziegen und Schafe zusammrechnete. Die größte der Hütten war der Heustall, ausgefüllt mit einem reichen Vorrath, den Grimmur mit Wohlgefallen betrachtete.

„Das zeugt von der tüchtigen, sorgsamen Wirthschaft," sagte er; „denn hier muß während des Sommers aufs Sparsamste und Eifrigste gesorgt werden, daß Heu zusammenkommt, damit die Thiere während des langen Winters nicht verhungern. Heu und trockene Blätter, sogar Fischgräten und Fischköpfe ist Futter für unsre Kühe, Herr Falkland; aber es macht keine geringe Mühe und Arbeit, diese Heuvorräthe in die Thäler hinabzuschaffen, denn nur auf Menschen- und Pferderücken kann es geschehen, und dies ist die Ursache, warum unsre Viehzucht niemals bedeutend vorwärts kommen kann. Handel muß man treiben, der allein bringt Geld. Wer das nicht kann oder mag, wird wie unser Freund, der Capitän, bei großem Landbesitz doch Nichts übrig haben, sondern im besten Falle nur soviel einnehmen, wie er ausgibt."

„Halbart Mare," erwiederte Eduard, „ist, wie ich aus Ihrer Rede merke, nicht reich."

„Gewiß nicht, verlassen Sie sich darauf."

„Aber er sammelt für seine Erben."

„Wodurch?" fragte Grimmur.

„Ei nun," lachte Eduard „der schöne Wald vom Eide, den er nicht anrühren läßt, muß ein bedeutend Stück Geld werth sein. Sie verstehen das am besten zu würdigen, Herr Skalden."

Grimmur gab keine Antwort. Er ging in die nächste Hütte, wo die Milchwirthschaft betrieben wurde, und betrachtete die Vorräthe von Butter und Käse, welche die Vorrathskammer enthielt.

„Signa hat fleißig geschafft, es wird ein gutes Jahr werden," sagte er. „Jene dritte Hütte ist für die Mägde und für krankes Vieh bestimmt, das in wilden Nächten Obdach nöthig hat; treten Sie jetzt hier herein, Herr Falkland, dies ist das Schloß und Herrenhaus mit der Küche und den Staatszimmern."

Eduard folgte ihm und sie gingen durch eine Vorhalle, welche den Herdstein und die großen Milchkessel enthielt, von dort aber in ein kleineres Seitengemach, das sehr freundlich und reinlich aussah. Die Wände waren mit Brettern ausgeschlagen und mit Tapeten beklebt, der Tisch weiß gescheuert, so auch die Holzstühle. Zwischen den beiden kleinen Fenstern hing ein Spiegel, ein niedriger Schrank stand darunter und auf den Brettern, welche die Wände umgaben, befanden sich viele Gegenstände, alle ordentlich und sauber aufgestellt. Rein und ordentlich sah auch das Bett aus, das in einem Anbau der Steinwand stand.

„Hier gefällt es Ihnen, nicht wahr?" fragte Grimmur. „Machen Sie es sich bequem, Herr Falkland. Strecken Sie sich auf dem Bett aus, wenn Sie müde sind."

„Ich bin nicht müde, Herr Skalden," antwortete Eduard; „aber ich freue mich, in dieser Wildniß einen so artigen Ruheort zu finden."

„Ja, das ist selten," erwiederte er; „gewöhnlich sind die Sennhütten so schmutzig, wie die Seterinnen darin. Aber Signa und ihr Bruder sind überhaupt ein musterhaftes Paar. Es ist altes, gutes Blut in ihnen, Herr Falkland, wir haben schon davon gesprochen. Doch jetzt lassen Sie uns sehen, was wir zu Ihrer Erfrischung auffinden können."

Er ging hinaus, kehrte aber bald zurück und brachte eine große Satte mit Milch, sammt Butter, Käse und Flachbrod, endlich ein Stück geräuchertes Hammelfleisch herein. „Das ist meiner Treu Alles, was ich finden kann," lachte er; „aber wenn Signa kommt, soll sie uns eine Setersuppe kochen und Sahnenkuchen backen, das wird Ihnen besser gefallen."

„Ich bin zufrieden mit dem, was da ist," sagte Eduard, und Beide griffen nun rüstig zu und hielten ein Mahl, bei dem es so lustig als möglich herging. Der Rest des Madeira's aus der Flasche des Capitäns that gute Dienste und Grimmur ließ es nicht an Scherz und Fröhlichkeit fehlen, indem er nach seiner Weise Geschichten erzählte, welche allerlei Spöttereien enthielten, mit denen er seinen Gefährten aufzog, der ihm jedoch nichts schuldig blieb.

Es vergingen einige Stunden, ohne daß irgend eine Unterbrechung die beiden Männer gestört hätte. Draußen lag das einsame Weideland mit seinen öden Sümpfen und Birkengewinden, welche die fernen Heerden verbargen und drinnen stockte nach und nach die Unterhaltung, bis Grimmur Skalden plötzlich sagte: „Das ist unser Leben hier, Herr Falkland. Verzweifelt eintönig, nicht wahr? Verzweifelt langweilig für einen Mann aus der großen Welt und eine Narrheit für Jeden, der nicht dazu geboren wurde, aber dennoch meint, er könnte es ertragen."

„Das mag Jeder mit sich selbst ausmachen, Herr Skalden," antwortete Eduard. „Ich zum Beispiel möchte den Versuch wagen, ohne an meine Narrheit zu glauben."

„In alten Zeiten," sagte Grimmur mit einem häßlichen Lachen, „glaubte man an Hexerei, wovon noch ein hübscher Rest Aberglauben in unserm Volk zurückgeblieben ist. Die Trollen spielen noch ihre Rolle bei verliebten Mädchen und Burschen und manche tragen Zauberzettel bei sich zum Schutz gegen alle Gefahren um ihren Schätzchen treu zu bleiben. Haben Sie nicht auch einen solchen Talisman, Herr Falkland?"

„Allerdings, Herr Skalden, den habe ich," antwortete Eduard.

„Sie bekamen ihn von der alten Kari und lasen ihn zur Stärkung, als wir an den Steinen ausruhten," fuhr Grimmur fort.

„Sie haben gut beobachtet, aber es wäre am besten, wenn Sie ihn selbst läsen zu Ihrer Belehrung und zu Ihrem Schutz. Da ist er."

Mit diesen Worten reichte ihm Eduard den Zettel hin und hielt ihn dicht vor Grimmur's Augen, der langsam darnach faßte und dann mit lauter Stimme die Worte wiederholte: „Er führt Böses gegen Dich im Schilde — sei auf Deiner Hut, — geliebter Eduard!"

Sein Kopf färbte sich dunkelroth, er lachte laut und hohnvoll auf. „Geliebter Eduard! ich gratulire, Herr Falkland. Wie das poetisch klingt. Aber was soll ich Böses im Schilde führen," fügte er mit rauher Stimme hinzu. „Verdammt! wer das zu behaupten wagt."

„Was ist dabei zu wagen," erwiederte Falkland mit überlegener Ruhe. „Ist es Gutes etwa, was Sie im Sinne haben? Ich glaube es nicht. Ich stand dicht bei Ihnen, Herr Skalden, Hand in Hand mit Emma, als Sie Halbart Mare erzählten, was sich am Optunbache zugetragen. Wir beide hörten, was Sie sagten, daß es Ihre Sache sei, die Sie in Ihrer Weise ordnen wollten. Was Emma fürchtet, weiß ich nicht, ich aber bin Ihnen gefolgt ohne Furcht und Bangen. Da bin ich nun."

Grimmur stand vor ihm mit flammenden Blicken. Was er hörte, machte einen starken Eindruck. Er sah sich überrascht, und wagte nicht, zu widersprechen. Rasch drehte er sich um und ging der Thüre zu.

„Sie wollten ein offenes Wort mit mir sprechen," rief ihm Eduard nach. „Das ist für uns Alle, wie ich denke, das Beste."

Grimmur blieb in der Thüre stehen, blickte zurück und überlegte eine Minute lang. „Gut," sagte er dann, „Sie wünschen es so, Herr Falkland, ich will mit Ihnen sprechen, Herr. Folgen Sie mir!"

„Wohin?" fragte Falkland mißtrauisch.

„An einen Ort, wo uns Niemand stört."

„Ich will Ihnen folgen," versetzte Eduard stolz. „Mögen Sie im Sinne haben, was Sie wollen, ich denke besser von Ihnen."

Mit widerwilliger Geberde schleuderte Grimmur sein Jagdmesser auf den Tisch. „Ich will Ihnen einen Wasserfall zeigen," sagte er, „den schönsten, den ich kenne. Dorthin führe ich Sie und dort wollen wir unsre Sache schlichten in meiner Weise."

VI.

Ohne eine Antwort abzuwarten, schritt er hinaus, Falkland folgte ihm nach und beide stiegen das Fjeld hinauf und verfolgten den Lauf des Baches, der von der Hochfläche herunter kam. Niemand sprach. Grimmur schien nicht zu wissen, ob Eduard hinter ihm sei. Beinahe eine Stunde verging, ehe der Rand der Weideregion erreicht war, welche zuletzt steil aufwärts führte; aber welch wunderbarer Anblick bot sich den Blicken des Wanderers dar, als er die Höhe erreicht hatte. Vor ihm lag eine fürchterliche Wildniß voll zerklüfteter und zerrissener Felsblöcke, Hörner und Spalten. Am fernen Horizont thürmten sich gigantische Gebirgsmassen auf, theils Pyramiden oder langgestreckte Bänke, von deren düsteren Rücken ungeheure Kegel in den wolkenlosen Himmel starrten. Schneelager von unabsehbarer Ausdehnung und Eisströme von blauer und grüner Färbung liefen an ihren Seiten nieder und füllten alle Zwischenräume aus. So weit die Blicke reichten, war nichts als diese entsetzliche Wüste zu schauen, nichts als die blendenden Eiskrystalle, auf denen die Sonne ihre funkelnden Strahlen brach.

Das waren, wie Eduard nicht zweifeln konnte, die seltsamen Felsengipfel der Horungerne mit ihren mächtigen Eisfeldern; das war das Hochgebirge, von dem er gehört hatte, die Hochfläche von mehr als fünfzig Meilen Länge, gefüllt mit riesigen Gebirgsstöcken, unermeßlichen Gletschern. Kein Ton des Lebens drang in sein Ohr, nur zuweilen glaubte er einen dumpfen Donner zu hören, den Donner ferner Lawinen oder berstender Eismassen, welche von diesen unersteiglichen schrecklichen Pfeilern der Schöpfung hinabstürzten zu eben so schrecklichen Trümmern, welche zu ihren Füßen lagen.

Eine Zeit lang vermochte Falkland seine Augen kaum abzuziehen von diesem erhabenen Gemälde, dann aber fiel ihm Grimmur ein und er sah ihn nicht fern von sich stehen und ihn erwarten. Als er sich ihm näherte, schritt jener weiter, steilen Klippen zu, welche sich aus dem Trümmermeere erhoben. Er wollte nicht mit sich sprechen lassen und Eduard hatte Zeit, seine Lage zu bedenken, als er ihn zwischen dem Gestein verschwinden sah.

Warum führte ihn Grimmur in die Wüste? Was hatte er hier zu erwarten? Worauf sann er? — War es eine Gewaltthat, die er in Heimlichkeit begehen wollte? Aber er hatte sein Messer mit dem Ausdruck von Abscheu von sich geworfen und Falkland glaubte um so weniger, daß er ein blutiges Ende zu fürchten habe, da immer noch ein Gefühl von Achtung und Bewunderung in ihm war, das den männlichen und kühnen Eigenschaften seines Gegners zu Theil wurde. Mit diesem Gefühl verband sich die Hoffnung, daß er zu einer Versöhnung gelangen könne und es that ihm wohl, daran zu denken, daß es ihm gelingen werde, durch Offenheit und Wahrheit wie durch Vertrauen und Muth Grimmur's feindliche Absichten zu bewältigen.

Mit diesen Vorsätzen folgte er ihm rascher nach, und als er auf den Klippen stand, war er entzückt von dem neuen überraschenden Anblick, der sich hier ihm darbot. Hinter diesen steilen Felsen lag ein Thal ganz umringt von düsteren Gebirgsmassen, dennoch aber bedeckt von Blumen, die in den köstlichsten Farben prangten. Weite Felder des purpurrothen Fingerhuts begegneten anderen Feldern der tiefblauen Eisenhütte und alle senkten sich zu einem Grunde hinab, der mit blühenden Gewächsen und Alpenblumen mannigfacher ähnlicher Art gefüllt war. Von der höchsten Felsenmasse aber fiel ein Wasserstrom nieder und bildete einen prachtvollen Cascadenfall; dann sammelte er sich in einem Becken, um an der düstern Wand niederzuschauen, wie eine ungeheure Schlange von flüssigem Silber, und so gelangte er an die Stelle, wo er mit einem Sprunge in einen tiefen Spalt stürzte, in welchem er verschwand. Ein Nebel von

Myriaden von Thauperlen stieg aus diesem Schlund auf und bildete eine leuchtende Wolke, welcher die Sonne die wunderbarsten, glänzendsten Farben gab.

Voller Staunen und Entzücken betrachtete Falkland dies edle Kunstwerk der Natur, endlich sah er auch, daß Grimmur bei den Blumenfeldern stand und ihm winkte. „Kommen Sie näher," sagte Grimmur, als er ihn erreicht hatte, „wir sind hier zur Stelle; dies ist der Platz, den ich Ihnen zeigen wollte. Der Bach kommt vom Fanarrakgletscher herunter und vereint sich mit anderen Zuflüssen aus dem Skagastöltinden. Daher seine Wassermasse, die nie abnimmt. Nichts läßt sich mit der Majestät dieses Falls vergleichen."

„Er ist von entzückender Schönheit," sagte Eduard.

„Folgen Sie mir weiter," fuhr Grimmur fort; „ich will Sie auf den rechten Standpunkt bringen."

Er ging über ausgewachsene Felsenlager hinunter, die vom ewigen Wasserstaub genäßt wurden und sie gelangten beide auf einen Vorsprung, der mit Gras und Blumen bedeckt und wohl an zwanzig Schritte, so lang wie breit war. Hier standen sie dem Falle gegenüber und vor ihnen gähnte der schwarze Abgrund auf, in welchen der kochende Strom hinabstürzte, indem er zwischen den Felsenwänden mit wüthendem Gebrüll seinen Gischt zurück und hinaufschleuderte. Ueberall eingefaßt von glatten jähen Felsmassen, blieb nichts als die grüne Terrasse, welche sich wie ein Altan über den Abgrund hinausstreckte. Mit kühnen festen Schritten ging Grimmur über das schlüpfrige Gras, bis an den äußersten Rand und mit einer Stimme, die das Brausen und Donnern in dem Kessel übertönte, rief er seinem Gefährten zu, heranzutreten, indem er die Hand nach ihm ausstreckte.

Einen Augenblick stand Falkland zaudernd und bedenkend; ein furchtbarer Gedanke überkam ihn, und Grimmur's Augen rollten, auf seinen Lippen lag der Ausdruck eines wilden, Tod verachtenden Hohns. „Hat Ihr Muth Sie verlassen," rief er aus, „wagen Sie es nicht, hier hinabzuschauen?"

Einer solchen Mahnung bedurfte es, um die Anwandlung zu unterdrücken, welche Falkland empfand. Im nächsten Augenblick stand er neben Grimmur und sah in den Schlund hinab, in welchem die zum Schaum zerschmetterten Waſſer unaufhörlich in einem Guß von kochendem Erz niederrauschten, an den Wänden zerschlugen, matter und matter heraufleuchteten und in Nacht und Schrecken verschwanden. Wie von zahlloſen Blitzen wurde dieſer Abgrund durchkreuzt und die geblendeten Augen ſuchten vergebens, ſich der Schrecken dieſes Anblicks zu erwehren; vergebens war es für Eduard Falkland, den Gedanken zu verbannen, daß ein einziges Gleiten ſeines Fußes, ein geringer Stoß, die Berührung eines Fingers hinreichend ſei, ihn hinabzuſtürzen. Und jetzt wandte ſich Grimmur Skalden um, beugte ſich zu ihm hin und hob ſeinen Arm in raſcher Bewegung auf, doch eben ſo ſchnell war Falkland zurückgeſprungen und ſtand mehrere Schritte von ihm auf dem Grasboden.

Mit finſteren ſtolzen Mienen folgte ihm Grimmur nach und indem er vor ihm ſtehen blieb und ihn drohend anblickte, ſagte er im Tone der Entrüſtung und Verachtung: „Warum fliehet Ihr vor mir, Herr? Denket Ihr ſo niedrig von Grimmur Skalden, daß er wie ein Mörder Euch dort hinabſchleudern würde? Wollte ich das, bei Gott! Ihr würdet mir nicht entgangen ſein. Aber es iſt Lüge und Falſchheit, wenn Ihr es wagt, Schlechtes und Gemeines von mir zu denken."

„Ich habe ein Recht dazu, für mich zu ſorgen wie ich kann," antwortete Falkland mit ruhiger Kälte.

Ein Kreis von Falten zog ſich auf Grimmur's Stirn zuſammen, ſeine Augen rollten umher, aber er ſuchte ſich zu beſänftigen.

„Hört an, was ich Euch zu ſagen habe," begann er. „Es wäre Thorheit, wenn wir leugnen wollten, was wir beide wiſſen. Wir verlangen Beide nach Emma Mare. Doch nur Einer von uns kann ſie beſitzen."

„Was bezweckt Ihr, um dieſer Eine zu ſein?" fragte Falkland.

„Schweigt!" erwiederte Grimmur heftig, „und hört mich zu Ende. Ich habe Euch hier hinauf und bis zu dieſer Stelle geführt, damit wir es unter uns ausmachen, wer von uns zu Halbart Mare gehen und ihm ſagen ſoll: Da bin ich, als Freier für Deine Tochter."

„Und wie ſollen wir das ausmachen, Herr Skalden?"

„Wie nordiſche Männer nach unſrer Väter Weiſe. Narrheit

wäre es, wenn Ihr denken wolltet, ich hätte Euch den Fortunensteig hinaufgeführt, damit Ihr hinunterstürzen und zerschmettern möchtet. So viel kannte ich Euch, daß Ihr kein Schwächling und kein Hase seid. Wer um Emma Mare wirbt und zu dem sich ihr Herz neigt, der muß es verdienen. Ja, wissen sollt Ihr, Falkland, daß auch ich Euch achte, weil Ihr ein Mann seid, der männlich Wesen an sich trägt."

„Habt Dank dafür," erwiederte Eduard, der eine frohe Regung bei diesem Bekenntniß fühlte, „und erlaubt auch mir, Euch zu sagen, daß ich dasselbe Gefühl von dem Augenblicke an hegte, wo ich Euch sah."

Er streckte seine Hand aus, Grimmur nahm diese und hielt sie fest. „Wollt Ihr den Lysterfield verlassen und Emma Mare vergessen," sagte er, „so wollen wir Freunde sein in Noth und Tod."

„Nur wenn Emma will, daß ich gehen soll, wird es geschehen," versetzte Falkland.

„Ich dachte es wohl!" rief Grimmur und mit seiner früheren Heftigkeit schleuderte er Eduard's Hand zurück. „Hört an, was man sich von meinem Großvater Thorkel Skalden erzählt. Er liebte ein Mädchen, das so schön war wie Emma, und hatte einen Nebenbuhler, wie ich ihn habe. Da ging er mit diesem hieher an diese Stelle und sie kamen überein, um die Braut zu kämpfen, bis der Eine überwunden am Boden liege und es dem Sieger gelänge, seinen Feind dort hinabzustürzen. Mein Großvater kam von den Fortunsfellen frisch und stolz herunter; kein Menschenauge hat je den wiedergesehen, der mit ihm hinaufgegangen war."

„Und das, meint Ihr, sollen wir eben so machen?" fragte Eduard entsetzt.

„Entweder verlaßt den Hof von Eide, oder zeigt, daß Ihr ein Mann seid!" schrie Grimmur, seine nervigen Arme vor sich ausstreckend.

Falkland regte sich nicht. Seine Blicke flogen über den fürchterlichen Schlund, dann auf seinen Gegner, dessen Gesicht und Gestalt ihn deutlich erkennen ließen, daß er zu Allem, was er gesagt, entschlossen sei. Er hatte seinen Hut abgeworfen, das lange schwarze Haar flatterte um seinen Kopf; seine Fäuste waren geballt, alle

Muskeln zusammengezogen, in seinen Augen ein ingrimmiger Zorn, wie in den Feueraugen des Luchses, der sich auf seine Beute stürzen will.

„Es ist Thorheit! Es ist Wahnsinn!" rief Falkland empört.

„Was sagst Du da?!" schrie Grimmur. „Du willst nicht?!"

„Ich sage, daß ich kein Rasender sein will," fuhr Eduard fort, „und daß ich Besseres von Euch denke."

„Weil fremdes, falsches Blut in Dir ist," unterbrach ihn Grimmur, „weil Du nicht wagst, wie ein Mann zu thun."

„Was Dein Großvater einst gethan, war grausam und roh," antwortete Eduard, „und seit jener Zeit sind wohl mehr als fünfzig Jahre verflossen. Solche schreckliche Kämpfe, wie damals geschahen, erregen jetzt den Abscheu aller besseren Menschen; dennoch aber mag Thorkel Skalden mehr Ursache dazu gehabt haben, wie Du sie hast."

„Schwatze nicht wie eine Elster!" fiel Grimmur ein. „Mein Großvater fand einen Mann, der anders dachte wie Du."

„Dein Großvater wurde geliebt von dem Mädchen, für das er kämpfte," versetzte Falkland, „Du aber wirst nicht geliebt. Und jetzt sage mir bei Deiner Ehre, bei Deinem Gewissen, Grimmur Skalden, hebe Deinen Arm auf und schwöre bei dem Gott, der über uns wacht, ob Du Emma Mare liebst. Ob Du sie liebst mit Deiner Seele Kraft, daß Du nicht von ihr lassen kannst, als mit Deinem Leben. Schwöre, Grimmur! Einer hört uns, der Dich und mich richtet, bei seiner Allmacht schwöre! Dann will ich mit Dir kämpfen."

Grimmur stand eine Minute lang, als sei er einer jener Riesen, Kinder der Nacht, die vom Sonnenstrahl getroffen sich in Stein verwandeln. Die Sonne trat eben hinter einer Felsenspitze hervor und überglänzte sein düsteres Gesicht und die trotzende kühne Gestalt. Plötzlich zuckte es um seine Lippen und langsam, als werde es ihm zu schwer, hob er den Arm empor und ließ ihn, wie vom Blitz getroffen, wieder sinken; denn eine Stimme über ihm, die vom Himmel zu kommen schien, rief laut und klingend: Schwöre nicht, Grimmur! schwöre nicht!

Auch Falkland wandte sich erschrocken um. Da stand auf dem

Klippengipfel hinter ihnen Signa, die Seterin, auf ihren langen Hirtenstab gestützt.

Mit wunderbarer Behendigkeit stieg sie an der glatten Wand nieder, als schwebe sie durch die Luft, und nach wenigen Augenblicken sahen die beiden Männer sie zwischen sich, wie eine Erscheinung. Ihr Gesicht lächelte noch muthiger und freundlicher, ihre Augen glänzten stolz und freudig, der gelbe Sonnenschimmer auf ihren reichen blonden Flechten warf goldene Strahlen um ihren Kopf.

„Was willst Du schwören, Grimmur?" fragte sie, ihre großen Augen auf ihn heftend.

„Wie kommst Du hierher, Signa," murmelte er. „Geh, verlaß uns!"

„Nein," sagte sie, „nein, Herr! Ich sah Dich mit diesem Fremden und folgte Euch nach. Ich stand auf dieser Klippe und hörte, was er von Dir verlangte. Sieh mich an, Grimmur, und dann sage ihm, wen Du liebst. Lügen wirst Du nicht, denn Du bist stolz. Scham und Schande würden über Dich kommen und Du kannst sie nicht ertragen."

„Was willst Du, Signa?" fragte Grimmur aufblickend.

„Was ich will?" antwortete sie. „Ich will Dir sagen, daß dieser fremde Mann Recht hat, daß Emma Mare vor Dir flieht und daß ein Mann wie Du nicht vor der Thür stehen soll, die ihm verschlossen bleibt."

Grimmur sagte nichts. Einige Minuten lang stand er, die Arme über seine Brust gekreuzt, die Augen auf den Abgrund gerichtet. In sein bleiches Antlitz stieg das Blut, in seinem Kopf arbeiteten finstere Gedanken; er rang mit bösen und guten Mächten, die sich in ihm um ihre Beute stritten. Plötzlich aber wendete er sich um, ging mit starken Schritten an Falkland vorüber und stieg über die Felslager hinauf.

„Laß uns gehen," murmelte er, „fort von dieser Stelle."

Signa lächelte ihm nach. „Komm, Grimmur," erwiederte sie, „und komm auch Du, fremder Mann, Du wirst Emma Mare gute Nachricht bringen."

Von der Felswand, jenseits des kleinen Thales, wo die Blumenfelder begannen, kam aber jetzt ein Anderer daher, in welchem Falkland den jungen Bauer Halffon, Signa's Bruder, erkannte. Auch Grimmur sah ihn sogleich und blieb stehen, bis er bei ihm war. Dann bot er ihm die Hand, ohne etwas dabei zu sagen, doch Halffon nahm diese nicht an.

„Ich habe mit Dir etwas zu reden, was meine Schwester Signa betrifft," sagte er, „ehe Du mir nicht geantwortet hast, kann ich Deine Hand nicht annehmen."

„So gib Du mir Deine Hand, Signa," begann Grimmur, und indem er sie nahm, sagte er: „Hier sind wir beide, Thorkel Halffon, mein Freund und mein Bruder. Steh uns bei zu aller Zeit, mein Haus sei Dein Haus. Heute in drei Wochen wird Signa mit mir zur Fortunenkirche gehen. Du sollst die Hochzeitskrone vortragen, die Pfeifer und Fahnenschwenker kannst Du morgen bestellen. Jetzt schlag ein, Thorkel. Was willst Du noch von mir?"

„Nichts! nichts!" schrie Thorkel freudig auf. „Du wirst meiner Schwester Ehre geben, wirst sie in Ehren halten. Dein Haus, Dein Heerd werden dafür gesegnet sein."

„Und Du, fremder Mann!" rief Signa Eduard Falkland zu, „eile hinab in den Hof von Eide und sage Emma Mare, Signa die Seterin schicke ihr, was ihr Herz begehrt; was aber Signa's sei, das werde sie behalten, und es nimmer und nimmer von sich lassen."

Und zum ersten Male verdunkelten sich die hellen, blauen Augen des Hirtenmädchens und während ihre Lippen glückselig lachten, schlang sie beide Arme heftig um Grimmur's Hals, große Thränentropfen fielen auf seine Brust.

Da löste sich der letzte Schatten von Grimmur's Seele. Liebe und Freude überstrahlten sein Gesicht. „Gute, treue Signa!" rief er aus, „Du hast Recht, Dir allein gehört mein Herz, keiner anderen, und wenn es eines Königs Tochter wäre. Gehen Sie, Herr Falkland, seien Sie Signa's Bote an Emma Mare, und sagen Sie dem Capitän, in drei Wochen würden die Hochzeitslichter in der Fortunenskirche brennen, dort hoffte ich ihn und Sie und Emma zu finden."

Der Abend dunkelte herein, als Eduard Falkland den Hof von

Eide tief unter sich am Lysterfjord erblickte. Er war den Fortunensteig hinabgekommen, ohne den geringsten Schwindel zu fühlen, obwohl ihm zuweilen war, als gehe er auf eines Seiltänzers Faden, der von einer Thurmspitze herunterführt und die losen Steine unter seinen Füßen rollten in die Tiefe, wo der goldene Knopf der Fortunenkirche die Sonnenblitze fing. Auf die Kirche hefteten sich seine Hoffnungen, und als er das Ende des steilen Hirtenweges erreicht hatte, warf er ihr einen langen Scheideblick zu. Dann eilte er auf den Waldpfaden weiter und sein Herz fing an zu schlagen, als er Halbart Mare in seinem Garten gehen sah, die hohe gebeugte Gestalt auf seinen Stock gestützt, und seine linke Hand auf Emma's Schulter gelegt. Sie ging neben ihm und er sprach zu ihr, vielleicht von Grimmur und von seinen Plänen. Aber da war nicht zu warten, nicht zu sinnen. Falkland sprang rascher über Felsstufen und Baumwurzeln, in wenig Minuten war er unten, und wie er auf den Hofplatz trat, sahen sie ihn beide.

Glühende Röthe bedeckte Emma's Gesicht, es war, als wollte sie ihm entgegen laufen, aber der Capitän drückte ihre Schulter fester zusammen und runzelte seine Stirn.

„Wo kommst Du her?" rief er seinem jungen Vetter entgegen. „Wo ist Grimmur Skalden?"

„Er ist in seinen Sennhütten geblieben," erwiederte Eduard.

„Und warum bist du nicht bei ihm?"

„Er wünschte, daß ich zu Ihnen zurückkehrte, um zu berichten was ihm geschah."

"Was war es?" fragte Halbart Mare rasch. „Ist er krank? Verwundet?!"

„Gesund geworden und geheilt," lachte Eduard.

„Antworte deutlich!" rief der Capitän mit dem Stocke aufstampfend.

„So hören Sie denn„, begann Eduard. „Grimmur Skalden schickt Ihnen seinen Gruß. Heut' über drei Wochen wird er Hochzeit halten in Fortunenkirchen, dazu ladet er uns Alle ein."

„Hochzeit!" murmelte Halbart Mare mit starren Blicken. „Mit wem „"

„Mit Signa, der Seterin."

Der Capitän stand vorüber gebeugt, ein grimmiges Hohnlachen in den lederharten Falten seines Mundes. Falkland nahm inzwischen Emma's Hände, zog diese an seine Lippen und flüsterte ihr zu: „Glück! Glück! meine Emma, nichts soll uns mehr trennen."

„Ein Mann von solchem Blute und ein Setermädchen!" murmelte der Capitän verächtlich. „Verdammt mag er sein! Aber was kümmert es uns, was habe ich damit zu schaffen? Gut, daß mein Haus rein von ihm ist. Und was wäre es auch gewesen, fuhr er wie mit sich selbst sprechend fort. Emma hatte kein Herz für ihn und ob drei Stunden oder hundert von mir entfernt, es ist zur Winterszeit so ziemlich einerlei. Wenn der Fjord voll Eisschollen treibt, kann das Kind nicht zum Vater kommen. Hei Du!" rief er, seinen Kopf aufschnellend, „Du, Eduard Falkland, Du möchtest mein Eidam werden?"

„Ja theurer Vetter, von Herzen gern."

„Und Du, Emma, Du willst ihn haben? Sage ja wenn's wahr ist."

„Ja lieber Vater, ich leugne nichts."

"Und wolle Ihr beide wenigstens in jedem Sommer bei dem alten Halb Mare am Lysterfjord wohnen, so lange ihn Gott leben läßt?"

„Vater, Vater!" rief Emma ihre Arme um ihn schlingend.

Falkland rief: „Ich will!" und hielt sie beide fest.

"Nun denn," Kinder, sagte Halbart Mare, indem er gewaltsam seine Rührung bezwang, „so seht zu, wie ihr es mit einander ausmacht, um glücklich zu werden bis an euer Ende. Doch Grimmur Skalden soll uns nicht vergebens an die Fortunenkirche geladen haben. Wir werden kommen, Emma, wir werden kommen, Eduard Falkland; unter der Goldkrone, wie es sich gehört, und nach Deinem und meinem Rang, als das erste Paar, das soll uns Niemand streitig machen!"

So geschah es denn auch drei Wochen darauf. Das Fortunenthal wiederhallte von den Hörnern und Flöten der beiden Hochzeiten, und am Altare der kleinen Kirche standen glückselig neben einander Emma Mare von Eide, und Signa, die Seterin.